야곱 평전

야곱 평전

우리는 흔히 야곱을 "사기꾼 야곱"이라는 한 가지 이미지로
고착하여 이해해 왔다. 그리고 그 사기꾼 야곱이 어느날
하나님을 만나는 체험을 통해 극적으로 변화되었다고
단순하게 이해해 왔다.

나 현 수

한국학술정보(주)

　"변화"라는 단어만큼 나를 흥분시키는 것도 없다. 작은 일상의 변화로부터 큰 역사의 변화까지, 굳이 서양의 속담[1]을 빌리지 않더라도 "변화"라는 단어는 내게 큰 기대와 긴장감을 주곤 한다. 특히 사람의 변화는 더욱더 나를 흥분시킨다. 왜냐하면 톨스토이[2]의 말처럼 세상에서 가장 어렵고 더디고[3] 위대한 변화가 바로 사람의 변화이고, 그 변화 속에는 세상을 움직이는 엄청난 에너지가 잠재되어 있기 때문이다.

　사람의 변화의 이야기에 내 관심이 쏠리는 이유가 여기에 있다. 비록 한 개인의 변화에 대한 이야기지만 그 변화가 가져올 어마어마한 변화의 파장을 가늠해 보는 즐거움이란 결코 녹록치 않기 때문이다. 그렇기에 야곱 이야기가 주는 재미란 그리 만만한 것이 아니다. 왜냐하면 야곱만큼 어렵고 길고 그리고 위대하게 변화된 인물도 흔치 않기 때문이다. 그리고 그 변화가 가져온 파장 또한 대단한 것이었다. 사기꾼 야곱에서 선민 이스라엘의 조상이라는 어마어마한 변화의 열매로 나타났기 때문이다. 그렇기에 내게 야곱이라는 한 인간

---

1) 서양속담: 변화는 즐거움의 어머니이다(Variety is the mother of enjoyment.)
2) "모든 사람은 인류를 변화시킬 생각을 한다. 그러나 자기 자신을 변화시킬 생각을 하는 사람은 별로 없다." -톨스토이
3) 모든 참다운 사상은 성장하고 변화하는 데에 그 생명이 있다. 그러나 그것은 구름처럼 급격히 변화하는 것이 아니라 나무처럼 서서히 변화해 나가는 법이다. -존 러스킨

이 변화되어 가는 과정을 추적해 가는 이번 작업은 실로 흥미진진한 일이었다. 그리고 그 과정 속에서 발견되는 하나님의 섬세하신 인도하심과 오래 참으심은 실로 대단한 은혜가 아닐 수 없었다.

우리는 흔히 야곱을 "사기꾼 야곱"이라는 한 가지 이미지로 고착하여 이해해 왔다. 그리고 그 사기꾼 야곱이 어느 날 하나님을 만나는 체험을 통해 극적으로 변화되었다고 단순하게 이해해 왔다. 내 경우도 주일학교에서 "사기꾼 야곱"이 그동안의 어떤 내적인 갈등이나 문제도 없었다가 어느 날 갑자기 인생의 위기 상황 가운데 얍복 강가에서 하나님을 만나고 극적인 회심의 체험을 한 후 이스라엘의 조상으로 변화되었다고 배운 기억이 있다. 이런 이해의 경우 야곱이라는 복잡 미묘한 한 인간을 너무 단순화해서 이해하는 오류를 범하기 쉽다. 그리고 더 중요한 문제는 야곱의 변화를 위해 하나님이 얼마나 긴 시간동안 얼마나 성실하시게 섭리하셨는가를 놓치기 쉽다. 하지만 이미 앞에서도 이야기했듯이 한 사람이 변화한다는 것이 그리 단순하고 쉬운 것이 아니듯 야곱이라는 인물의 변화 또한 그리 쉽고 단순하지가 않다. 대신 그 변화의 저변에는 어마어마한 하나님의 오래 참으심과 인도하심이 있었고 인간 야곱의 수많은 욕심과 도전, 좌절과 깨달음이라는 과정들이 반복되었을 것이라는 사실을 짐작할 수가 있다.

이 글은 바로 이런 길고 복잡한 야곱의 변화의 과정을 추적하여 연구한 글이다. 특히 그 변화의 과정에서 나타나는 야곱 인생의 핵심 키워드인 야곱의 비전, 야곱의 역량, 야곱의 열정, 야곱의 헌신, 야곱의 회개라는 주제로 야곱의 변화의 과정을 추적하여 쓴 글이다. 이 추적의 기쁨을 함께 나누었던 시흥교회 청년들이 있었음에 진심으로 감사를 드리고 사기꾼 야곱을 위대한 하나님의 사람으로 변화시키신 하나님의 섭리와 오래 참으심이 또한 오늘의 야곱으로 사는 우리를 위대한 하나님의 사람으로 변화시키기를 소원하면서 이 글을 하나님과 사랑하는 모든 사람들에게 바친다. 하나님이 우리와 함께 하신다.

나현수 드림

목 차

제 1 장

야곱평전 (히 11 : 21)

— 야곱을 말하다

1. 믿음의 사람들에 대한 하나님의 평전 요약본

　예전에는 그리 큰 관심을 끌지 못했고 기껏해야 초등학생의 조잡한 위인전집이 고작이었던 것 같은데 요즘에는 그 인물에 대한 다각도의 분석과 자료로 채워진, 제대로 된 많은 평전들이 나와 있는 것을 보게 됩니다. 얼마 전에 나온 조영래 평전(인권변호사)부터 화가 이중섭 평전, 함석헌 평전, 유일한 평전, 전태일 평전, 덩샤오핑 평전, 저우언라이 평전, 체 게바라 평전 등 참으로 많은 평전들이 출간되어 있음을 보게 됩니다. 심지어는 무생물인 독도에 대한 평전도 있더라고요. 그리고 이런 많은 평전의 출간은 곧 사람들이 평전에 대한 관심이 예전에 비해 많이 증가했다는 방증이 될 수도 있을 겁니다.

　저도 사실 이런 평전 읽기를 좋아합니다. 왜냐하면 이런 평전 읽기는 다른 책 읽기와는 다른 나름대로의 재미가 있기 때문입니다. 첫째는 어렵지 않습니다. 머리를 쓰며 골머리를 앓아가며 읽어야 하는 철학 서적과 같은 종류가 아닙니다. 그냥 술술 읽어 가면 됩니다. 쉬워서 좋습니다. 하지만 무엇보다 평전이 주는 매력은 '살아 있는 이야기가 주는 감동'일 것입니다. 꾸며낸 삶이 아닌, 나와 같은 연약함과 한계를 가진 사람들의 이야기이기 때문입니다. 그런데 그 사람들이 삶을 의미 있게 살았다는 것입니다. 그리고 삶을 의미 있게 산 사람들의 살아있는 이야기를 읽고 나면 인생이라는 것이 참으로 가치 있게 살아야 하는 소중한 것이라는 생각이 들기도 하고 별것 아닌 인생이라고 포기할 수 없다는 것을 깨닫게 됩니다. 쉽게 말해 평전 읽기에는 인생에 대해 머리가 아닌 가슴으로 배우는 배움이 있다는 것입니다. 제가 개인적으로 느낀 평전 읽기의 유익입니다.

그런데 사실 평전 읽기를 처음부터 좋아했던 것은 아니었습니다. 왜냐하면 평전 읽기에는 좋은 점이 분명 있기는 하지만 어쩔 수 없는 아쉬움이 있기도 했기 때문입니다. 그것은 '그 짧은 책 한 권으로 어찌 그 파란만장한 한 사람의 일생을 다 펼쳐 보여줄 수 있겠는가?' 하는 의구심이었습니다. 이성적으로 볼 때 불가능한 일이지요. 매일 똑같은 일상을 사는 우리네 같은 평범한 사람들의 이야기도 아니고-아침에 일어났다. 밥 먹고 출근 준비하고 출근했다. 열심히 눈치 보며 일했다. 그리고 퇴근했다. 친구 만났다. 아니면 교회 왔다. 그리고 잤다. 뭐 이런 사람들의 일생도 아니고-파란만장한 삶을 산 사람들의 일생인데 어찌 달랑 책 한 권으로 보여줄 수가 있겠습니까? 그렇기에 편집이 가해질 수밖에 없고요, 작가의 관점에 따라 보여주고 싶은 부분만 보인다는 것입니다. '속는 느낌이라고나 할까요.' 이 부분이 아쉬워서 사실 평전 읽기를 좋아하지 않았습니다. 하지만 어느 순간 생각을 바꾸게 되었습니다. 가만히 생각해 보니 한 사람의 인생이라는 것이 꼭 다 알아야만 제대로 평가될 수 있는 것이 아님을 깨달았기 때문입니다. 오히려 너무 많이 아는 것이 그 인물의 생애와 사상, 업적들을 제대로 평가하는 데 장애가 될 수 있다는 생각을 하게 되었습니다. 예수님의 경우도 보십시오. 예수님의 어린 시절에 대해 너무 많이 아는 고향사람들은 예수님의 진짜 신분과 그분의 사역의 의미에 대해 무지했습니다. 믿지 않았고 배척했습니다. 많이 안다고 정확하게 아는 것이 아님을 보여주는 좋은 사례이지요. 그리고 어떤 사람이 한 관점으로 한 사람의 인생을 평가한다는 것도 나름대로 의미 있다는 생각을 가지게 되었습니다. 오히려 자질구레하게 보여주는 것보다 비록 한 단면이지만 그 인물의 한 모습을 심층 분석해서 이해할 수 있다는 장점이 있다는 생각을 하게 된 것이지요. 그래서 지금은 평전 읽기를 좋아합니다.

제가 왜 장황하게 제 이야기를 합니까? 왜냐하면 성경에도 평전이 존재하기 때문입니다. 우리가 잘 아는 네 명의 족장, 아브라함과 이삭과 야곱과 요셉의 이야기가 바로 족장들의 평전이 아닙니까? 또 다윗의 이야기도 다윗의 평전으로 손색이 없지요. 물론 성경은 오늘 우리가 보는 평전보다는 좀 더 요약해서 그들의 삶을 보여주고 평가하지만 말입니다. 그렇다 하더라도 우리는 성경이 보여주는 짧은 평전들을 통해서도 한 인물의 삶에 대한 충분한 교훈과 평가를 내릴 수 있습니다. 왜요? 비록 짧지만 그 삶의 가장 중요한 대목 대목을 꼭 집어서 보여주고 있기 때문입니다. 아주 잘 정리된 요약정리판이라고 할까요? 하나님이 정리하셨으니 오죽 잘 하셨겠습니까? 당연히 짧아도 쓸 만하지요.

그런데 히브리서 11장에 나오는 야곱에 대한 한 줄의 평가는 가히 우리를 당혹케 할 만합니다. 사실 히브리서 11장은 이스라엘의 믿음의 용사들에 대한 평가들을 기록한 장입니다. 의인 아벨부터 시작된 믿음의 사람들에 대한 평가(이름이 언급된 사람만 17명이고 그 이외의 많은 선지자들과 믿음의 용사들이 언급되어 있는 평가)는 단 몇 줄로 그 위대한 믿음의 용사들이 겪었던 파란만장했던 삶을 요약하고 정리, 평가해 주고 있음을 보게 됩니다. 어찌 보면 거침없고 어찌 보면 당혹스러운 평가이지요. 앞으로 이 책에서 우리가 보게 될 야곱의 경우만 보더라도 그가 얼마나 파란만장한 삶을 살았습니까? 오죽했으면 야곱이 "나는 험악한 세월을 보냈습니다."라고 바로에게 말을 했을까요. 그런데 그 파란만장한 야곱의 생애를 단 한 줄로 평가하고 있지 않습니까? 여기서 질문이 생기지요. 과연 한 줄로 야곱의 인생을 평가하는 것이 가능할까요? 가능하지 못할 이유도 없습니다. 정말 그의 생애가 한마디로 정리될 수 있는 특징이 있는 삶을 살았다면, 그리고 그의 삶의 어떤 사건을 통해 그의 모든 것을 정리하고 평가하고 요약해 줄 수 있을 만큼 그 사건이 도드라지고 중요한 사건이었다면 전혀 불가능하지 않습니다.

이것이 중요합니다. 지금 히브리서 11장에서 보게 되는 인물들의 평가는 그렇기에 그들의 삶의 여정을 핵심적으로 요약해 줄 수 있는 가장 도드라지고 중요한 사건들로 평가된 것입니다. '체 게바라' 그러면 '남미의 민초들을 사랑한 불굴의 투사요 행동하는 지성'이라는 한 줄의 평가로 그의 삶의 여정을 핵심적으로 요약해 줄 수가 있듯이 말입니다.

하나님은 각 인물들의 기나긴 믿음의 여정을 지켜보셨습니다. 특히 그들의 삶이 가지고 있는 독특한 사건들과 특징들을 주목하여 보셨습니다. 그리고 그들의 삶을 한 줄로 평가해 놓으셨습니다. 바로 히브리서 11장에 말입니다. 그렇기에 히브리서 11장은 하나님이 믿음의 용사들의 삶을 보시고 내리신 그들의 평전의 요약 중의 요약이라는 것입니다. 그렇기에 무시할 수 없지요. 아니 오히려 주목하고 주목해야 할 것입니다. 오늘 우리는 야곱이라는 한 인물에 대해서도 이런 요약 중의 요약, 한 줄의 평가를 보게 되지요. 히브리서 11장 21절의 본문입니다.

2. 야곱의 평전, 요약 중의 요약본

"믿음으로 야곱은 죽을 때에 요셉의 각 아들에게 축복하고 그 지팡이 머리에 의지하여 경배하였으며" (히11:21)

이것이 바로 하나님이 그 파란만장한 야곱의 일생에 대해 내려주신 요약 중의 요약입니다. 그의 일생의 수많은 사건 중에 하나님이 가장 도드라지다고 여기신 사건입니다. 이 한 사건으로 야곱의 일생을 정리하고 평가할 수 있다고 하나님이 생각하신 그런 사건이라는 것입니다. 여러분은 이런 하나님의 선택에 대해 어떻게 생각하십니까? 조금 이상하지 않습니까? 우리가 야곱 하면 가장 먼저 쉽게 떠올리게 되는 그의 인생의 사건들이 무엇이 있습니까? 어머니 리브가의 태에서 나올 때부터 형 에서의 발뒤꿈치를 붙잡고 나온 사건이 먼저 생각이 납니다. 그의 일생이 어떤 대립과 갈등으로 치달을지, 그리고 그가 어떤 성품의 사람이 될지를 가늠케 해주는 사건이지요. 또 아버지 이삭과 형 에서를 속이고 장자권을 빼앗은 사건도 생각이 납니다. 엄청난 사건이지요. 그의 일생의 대변화를 맞이하게 하는 사건이니까요. 또 형을 피해 밧단아람으로 가다가 벧엘에서 천국과 닿아있는 사다리를 본 체험도 생각이 납니다. 이것 또한 엄청난 사건입니다. 결국 야곱의 일생은 이 벧엘의 하나님을 다시 찾고 진정으로 그 언약을 이루어가는 과정이니까요. 또 아내 라헬과 레아를 얻기 위해 장인 라반에게서 20년간을 섬기며 수고하는 야곱의 모습도 생각이 납니다. 이것 또한 엄청난 사건이지요. 이를 통해 12지파라는 이스라엘 민족의 근간이 마련되기 때문입니다. 또 얍복 강에서 하나님과 씨름하여 이긴 사건도 잊을 수 없지요. 야곱의 회개와 변 그리고 형 에서와의 갈등과 대립의 화해가 이루어지는 계기가 되니까요.

이외에도 가나안 인들의 살해 위협을 피해 벧엘로 올라가서 한 회개와 야곱 집안의 영적인 각성, 요셉과의 재회 등. 정말 야곱의 일생을 보면 수많은 굵직굵직한 사건들이 있었음을 보게 되지요. 그런데 오늘 그 많은 사건들을 제치고 하나님이 기억하시는 단 하나의 사건은 바로 야곱이 요셉의 아들들인 에브라임과 므낫세를 안수하여 축복할 때의 일인 것을 보게 됩니다. 이상하지 않습니까? 요셉의 두 아들인 에브라임과 므낫세를 안수하며 축복한 것이 과연 어떤 의미가 있기에 하나님은 이 사건을 그 굵직굵직한 사건들을 제치고 성경에 기록하고 계시며 야곱의 일생을 이 한 사건으로 평가하고 요약하고 계신 것입니까? 이것을 알기 위해선 창세기에 기록된 이 사건에 대해 좀 더 살펴볼 필요가 있습니다. 창세기 48장 10-20절까지를 보겠습니다.

"이스라엘의 눈이 나이로 인하여 어두워서 보지 못하더라. 요셉이 두 아들을 이끌어 아비 앞으로 나아가니 이스라엘이 그들에게 입 맞추고 그들을 안고 요셉에게 이르되 내가 네 얼굴을 보리라고는 뜻하지 못하였더니 하나님이 내게 네 소생까지 보이셨도다. 요셉이 아비 무릎 사이에서 두 아들을 물리고 땅에 엎드려 절하고 우수로는 에브라임을 이스라엘의 좌수를 향하게 하고 좌수로는 므낫세를 이스라엘의 우수를 향하게 하고 이끌어 그에게 가까이 나아가매 이스라엘이 우수를 펴서 차자 에브라임의 머리에 얹고 좌수를 펴서 므낫세의 머리에 얹으니 므낫세는 장자라도 팔을 어긋맞게 얹었더라. 그가 요셉을 위하여 축복하여 가로되 내 조부 아브라함과 아버지 이삭이 섬기던 하나님, 나의 남으로부터 나를 기르신 하나님, 나를 모든 환난에서 건지신 사자께서 이 아이에게 복을 주시오매 이들로 내 이름과 내 조부 아브라함과 아버지 이삭의 이름으로 칭하게 하시오매 이들로 세상에서 번식되게 하시기를 원하나이다. 요셉이 그 아비가 우수를 에브라임의 머리에 얹은 것을 보고 기뻐 아니하여 아비의 손을 들어 에브라임의 머리에서 므낫세의 머리로 옮기고자 하여 그 아비에게 이르되

아버지여 그리 마옵소서. 이는 장자니 우수를 그 머리에 얹으소서. 아
비가 허락지 아니하여 가로되 나도 안다. 내 아들아, 나도 안다. 그도
한 족속이 되며 그도 크게 되려니와 그 아우가 그보다 큰 자가 되고
그 자손이 여러 민족을 이루리라 하고 그날에 그들에게 축복하여 가
로되 이스라엘 족속이 너로 축복하기를 하나님이 너로 에브라임 같고
므낫세 같게 하시리라 하여 에브라임을 므낫세보다 앞세웠더라." (창
48:8-20)

무슨 내용입니까? 야곱이 요셉의 두 아들을 안수하며 축복기도 해
주면서 장자인 므낫세를 제치고 차자인 에브라임에게 오른손으로 축
복하고 그를 므낫세보다 앞세웠다는 것입니다. 여기서 궁금증이 풀
리기보다 더욱 증폭되는 것 같지 않습니까? '도대체 차자인 므낫세
를 장자보다 앞세워 오른손으로 축복한 것이 야곱의 그 많은 사건들
중 도드라진 사건이 될 수 있는가? 이것이 어찌 그의 일생을 평가하
고 요약하는 것이 될 수 있는가?' 혹시 우리가 모르는 무언가 깊은
영적인 의미가 숨겨져 있는 것일까요? 그렇겠지요. 우리 그것을 한
번 찾아봅시다.

3. 야곱의 축복기도 사건의 비밀

결론부터 이야기하면 야곱의 일생에서 그리 중요하게 보이지 않는
요셉의 아들들에 대한 안수축복기도 사건에서 실상은 야곱이라는 한
모난 신앙인이 147년이라는 하나님이 조련하신 험악한 세월을 통해
어떻게 변화되고 성숙되었는지를 아주 단적으로 보여주는 의미 있는

행동들이 있음을 발견하게 됩니다. 그것이 무엇입니까?

1) 영안이 열린 자 야곱: 하나님의 선택을 아는 자, 인정하는 자

첫째는 철저하게 세속적이며 육적이었던 야곱이 이제는 영안이 열린 자가 되었다는 사실입니다. 이것이 무슨 말입니까? 야곱은 철저하게 세속적이며 육적인 사람이었습니다. 그는 하나님이 주시는 장자권도 하나님의 방법이 아닌 인간의 방법으로 쟁취하려 했던 사람이었습니다. 그래서 그는 팥죽으로 형 에서의 장자권을 샀고요, 아버지 이삭을 속여 형 에서의 모습으로 변장하여 장자의 축복을 가로챘던 것입니다. 만약 야곱이 하나님을 신뢰하고 장자권은 하나님의 방법으로 주어진다는 것을 알았다면 그렇게 인간적인 방법으로 무리하게 억지를 써서 가로채려 하지 않았을 것입니다. 왜요? 이미 장자권이 그에게 있음은 그가 태어날 때부터 신탁으로 주어진 것이었기 때문입니다. 창세기 25장 22-23절입니다.

> "아이들이 그의 태속에서 서로 싸우는지라 그가 가로되 이 같으면 내가 어찌 할꼬 하고 가서 여호와께 묻자온대 여호와께서 그에게 이르시되 두 국민이 네 태중에 있구나. 두 민족이 네 복중에서부터 나누이리라. 이 족속이 저 족속보다 강하겠고 큰 자는 어린 자를 섬기리라 하셨더라." (창25:22-23)

하도 아이들이 태중에서 싸우니까 어머니 리브가가 하나님께 물었습니다. '이것이 웬일입니까?' 그랬더니 하나님의 신탁이 무엇이었습니까? 큰 자가 작은 자를 섬기겠다. 즉 장자권이 작은 자에게 있다는 말씀이었습니다. 만약 이 하나님의 언약의 말씀을 야곱이 믿었다면 상황과 상관없이 그는 무리하게 사기를 치면서까지 스스로의 힘으로 장자권을 얻으려 하지 않았을 것입니다. 그런데 야곱에게는 이런 영적인 눈이 열려 있지 않았습니다. 그는 철저하게 육에 속한 사람이었습니다. 그렇기에 그는 축복할 수 있는 권리인 축복권인 장자권을 세속적인 장자권, 단지 아버지의 모든 족장의 권리를 이어받아 족장의 반열에 오르고 가족의 생사여탈권을 쥐고 흔드는 권리 정도로 오해했고 그렇기에 세속적이고 육적인 방법으로, 자신의 방법으로 얻으려 했습니다.

이런 야곱의 육적이고 세속적인 가치관과 행태는 그의 일생 내내 고스란히 나타납니다. 우리가 잘 아는 하란에서의 20년의 생활, 그 생활이 전형적인 그의 육적이고 세속적인 가치관과 행태를 보여주는 삶이 아닙니까? 그곳에서 그는 아내를 얻지요. 라헬과 레아 두 자매를 아내로 맞아들입니다. 그런데 성경은 원래부터 야곱은 라헬만 좋아하고 레아는 안 좋아했다고 기록합니다. 그럼에도 삼촌 라반의 속임수로 야곱은 두 자매를 아내로 맞아들입니다. 그런데 보십시오. 야곱이 라헬을 좋아하고 레아는 안 좋아하는 이유가 무엇입니까? 창세기 29장 17절에서 18절 상반 절은 이렇게 그 이유를 설명합니다.

> "레아는 안력이 부족하고 라헬은 곱고 아리따우니 야곱이 라헬을 연애하므로" (창29:17-18상반절)

여기서 '안력이 부족하다'는 의미는 '시력이 나쁘다'는 의미가 아닙니다. 이 말은 중동 여자들이 가진 특유의 섹시하고 강렬한 눈매를 말합니다. 상상이 되시지요. 즉 레아가 야곱의 마음에 들지 않은 이유는 섹시하지 않았기 때문이라는 것이지요. 그럼 라헬은요? 라헬은 반대로 섹시했습니다. 여기서 '곱다'라는 말을 '요조숙녀와 같이 단정하다'라는 의미로 오해하지 마십시오. 히브리어의 이 말은 '육욕적인 성적 충동을 일으키다'라는 뜻입니다. 이런 섹시함이 야곱이 라헬은 좋아하고 레아는 좋아하지 않은 유일한 이유였습니다. 물론 섹시한 여성을 좋아하는 것이 죄는 아닙니다. 하지만 그것만이 여성을 좋아하는 유일한 기준이 된다면 그것은 좀 문제겠지요. 하지만 야곱은 그 한 가지만 보았습니다. 더군다나 성경을 보면 라헬은 신앙이 없던 여인이었습니다. 그는 아버지 라반을 피해 도망갈 때 아버지가 섬기던 신상인 드라빔을 훔쳐온 여인입니다. 금덩이를 훔친 것도 아닙니다. 그럼 이해라도 하지요. 하지만 그녀는 수많은 훔칠 것 중에 유독 우상 신상 하나만을 훔칩니다. 왜요? 그것을 믿고 섬겼기 때문입니다. 그것이 그녀의 앞날에 복을 주고 지켜줄 것이라고 믿었기 때문입니다. 신앙이 없던 여인 라헬, 이런 약점이 있음에도 야곱은 라헬을 선택하고 좋아합니다. 왜요? 섹시하니까! 오로지 "섹시함"이 야곱이 가진 사랑의 이유, 그 전부였습니다. 만약 우리 주변에 이런 이유로만 자매를 사랑한다면 우리는 그를 무엇이라고 부를 수 있을까요? '속물'이라고 부를 수 있을 것입니다. 바로 야곱이 이런 '속물'이었습니다. 지극히 '육적인 사람, 세속적인 가치관의 사람'이었지요. '이것 하나만으로 너무 과하게 평가 절하하는 것 아닌가요?' 혹시 이런 질문을 하실 분이 있을 것 같아 다시 말씀드립니다. 어떤 사람이 가진 그의 영적인 수준이 가장 잘 나타날 때가 바로 그의 배우자를 고를 때입니다. 왜냐하면 같은 수준의 사람을 좋아하고 배우자로 삼기 때문입니다. 결코 자신보다 낮거나 모자라는 사람을 배우자로 만나지 않습니다. 그래서 어떤 목사님은 그러더군요. '형제, 자매의 신앙수준은 그의 평소의 기도와 봉사, 성경지식으로 판단하는 것이 아니라 그가 어떤 배우자를 고르는가로 평가된다.' 야곱, 그렇기에 그의 영적인 수준은 거의 제로에 가까움을 보게 되지요. 그의 아내 라헬의 영적인 수준이 제로였으니까요!

그런데 이뿐이 아니지요. 우리가 너무나 잘 아는 얍복 강에서의 하나님이 보내신 천사와의 씨름 한 판, 그것도 사실은 야곱의 세속 적이고 육적인 소행을 아주 잘 나타내는 사건입니다. 집을 떠난 지 20년 만에 나이 90이 다 되어 야곱은 고향을 돌아갑니다. 그런데 큰 문제가 그의 앞을 가로막고 있습니다. 그것은 바로 형 에서와의 문 제였습니다. 형을 속여서 장자권을 빼앗은 죄악이 있기에 형을 만나 는 것이 심히 두려운 것이지요. 그리고 그는 한 가지 꾀를 내지요. 바로 '선물공세'입니다. 창세기 32장 14-15절은 야곱이 선택한 뇌물 의 목록이 나옵니다.

> "암염소가 이백이요 숫염소가 이십이요 암양이 이백이요 숫양이 이 십이요, 젖 나는 약대 삼십과 그 새끼요 암소가 사십이요 황소가 열 이요 암나귀가 이십이요 그 새끼나귀가 열이라" (창32:15)

그리고 그는 이 예물을 두 떼로 나누어 자기 앞서 보내지요. 화가 나서 야곱을 죽이러 오던 에서가 이 예물들을 보면서 마음을 풀고 자신을 선대하도록 하기 위한 계책입니다. 이런 그의 생각을 창세기 32장 20절은 아주 잘 설명해 줍니다. 창세기 32장 20절입니다.

> "또 너희는 말하기를 주의 종 야곱이 우리 뒤에 있다 하라 하니 이 는 야곱의 생각에 내가 내 앞에 보내는 예물로 형의 감정을 푼 후에 대면하면 형이 혹시 나를 받으리라 함이었더라." (창32:20)

여기서 주목해야 할 것이 바로 '야곱의 생각'이라는 단어입니다. 야곱은 항상 이것이 문제였습니다. 그는 항상 자기 생각대로, 자기 소견에 옳은 대로, 자기 지혜대로 움직였던 사람입니다. 지금도 그렇 지요. 형 에서를 만나야 하는 절체절명의 위기의 순간에 그는 하나님께 부르짖고 하나님께 매달리기보다는 자기의 생각에 옳다고 여기는 것을 먼저 합니다. 그런데 보십시오. 이미 하나님은 야곱에게 '형에서를 두려워하지 말고 담대하라! 내가 너를 내 군대로 지켜주마!' 약속해 주셨습니다. 바로 형 에서를 만나기 전에 32장 1-2절에서 야곱이 무엇을 봅니까? 바로 '하나님의 군대'를 보지 않습니까? 32장 1-2절입니다.

> "야곱이 그 길을 진행하더니 하나님의 사자들이 그를 만난지라 야곱이 그들을 볼 때에 이르기를 이는 하나님의 군대라 하고 그 땅 이름을 마하나임이라 하였더라." (창32:2)

왜 하나님이 에서를 만나기 직전의 야곱의 눈에 하나님의 군대를 보여 주셨을까요? 걱정하지 말라는 것입니다. '에서에게는 400여 명의 군대가 있다 하더라도 야곱, 네게는 하나님의 군대가 있다. 그 군대가 너를 지키고 있다.' 이것을 깨우쳐 주시기 위한 것이었습니다. 그런데 야곱은 그것을 전혀 고려하지 않습니다. 왜요? 영적으로 무지한 자이기 때문입니다. 육적이고 세속적인 사람이기 때문입니다.

이런 육적이고 세속적인 야곱이기에 그는 하나님이 보내신 천사에게도 대들고 있음을 보게 됩니다. 우리는 흔히 얍복 강에서의 야곱의 씨름을 그의 회개의 기도로 오해해서 설교하는 것을 보게 됩니다. 이것은 정말 야곱의 '야'자도 모르는 본문 해석입니다. 결코 얍복 강에서 야곱은 기도하지 않았습니다. 그는 정말 말 그대로 하나님의 천사와 씨름을 한 것입니다. 여기서 "씨름"이라는 히브리어인 '아바크'는 '둘이 대등한 관계에서 서로의 힘을 겨루다'라는 의미입니다. 그렇기에 얍복 강에서 야곱은 하나님 앞에 납작 엎드려서 자녀의 입장에서 은혜와 긍휼을 구하는 기도를 드리고 있던 것이 아니었습니다. 대신 그는 자신의 계획이 성취될 수 있도록 해달라고 하나님께 동등한 입장에서 대들고 있던 것이었습니다. "내가 이기면 내 계획대로 형 에서의 마음이 풀리게 해 주시오." 바로 이런 의미입니다. 그렇기에 이런 야곱의 행위에 대해 호세아는 비판적으로 이렇게 이야기를 하지요. 호세아 12장 2절 - 3절입니다.

"여호와께서 유다와 쟁변하시고 야곱의 소행대로 벌주시며 그 소위대로 보응하시리라 야곱은 태에서 그 형의 발뒤꿈치를 잡았고 또 장년에 하나님과 힘을 겨루되" (호12:2-3)

여기서 '소행'이란 '나쁜 짓'이란 의미입니다. 그런데 그 나쁜 짓 중 하나가 바로 야곱의 나이 90세에 얍복 강에서 하나님의 천사와 씨름을 한 것입니다. 결코 회개의 기도가 아니지요. 이렇기에 야곱은 육적이고 세속적이라는 것입니다. 영안이 닫힌 사람인 것이지요.

육적이고 세속적인 사람들은 항상 자신의 생각대로 행동을 합니다. 설령 그들이 기도를 한다 하더라도 그들은 이미 자신들이 행할 바를 다 행한 뒤에 그것을 들어달라고 생떼를 쓰는 기도밖에 하지 않습니다. 그렇기에 이들은 언제나 분주합니다. 왜요? 자신들이 모든 것을 자신의 생각대로 해야 하기 때문입니다. 그렇기에 결코 쉼이란 있을 수 없습니다. 쉬지 못하는 인생이 되어 버리고 마는 것입니다. 그럼 이들에겐 평안이라도 있습니까? 아니오! 언제나 근심과 걱정이 산을 이룹니다. 모든 것을 자신이 다 해야 하기 때문입니다. 그렇기에 너무나 당연하게 이들의 주변에 있는 사람들도 불안하게 하고 근심하게 만듭니다. 야곱의 불안이 그의 모든 가족들을 그렇게 만들었듯이 말이지요. 물론 이들도 기도를 합니다. 하지만 조금 전에 이야기했듯이 그들의 기도는 맡겨드리고 의지하는 기도가 아니라 자신의 뜻과 생각을 관철하기 위한 생떼밖에 되지를 않습니다. 하나님과의 씨름이지요. 결국 이들은 하나님께 맞고 마는 인생이 되고 맙니다. 야곱이 하나님의 천사에게 환도 뼈를 위골 당했듯이 말입니다.

지금까지 살펴보았듯이 야곱! 그는 나이 90이 넘어서까지 철저하게 영안이 닫힌 사람, 세속적이고 육적인 사람이었습니다. 그런 야곱이 지금 어떻게 변했습니까? 그는 완벽하게 영안이 열린 하늘에 속한 사람이 되어 있는 것을 보게 됩니다. 보십시오. 야곱은 아들 요셉이 장자인 므낫세를 앞세워 축복해 주길 원한다는 것을 알고 있었습니다. 그를 위해 요셉이 일부러 능력의 손이라 믿던 자신의 오른손을 므낫세의 머리에, 자신의 왼손을 자신의 차자인 에브라임에게 얹어 준 것을 알았습니다. 이런 상황에서도 야곱은 손을 바꿉니다. 그리고 그는 능력의 오른 손으로 차자인 에브라임을 축복하고 그를 므낫세보다 앞세웁니다. 왜요? 그것이 하나님의 뜻이라는 것을 알았기 때문입니다. 하나님이 에브라임을 므낫세보다 앞세워서 복 주시기 원하신다는 것을 야곱은 알았습니다. 어떻게요? 이것이 바로 야곱이 영안이 열린 존재가 되었다는 증거입니다. 그는 나이 147세가 되어 이제 육적인 눈은 보이지 않게 되었습니다. 하지만 야곱의 영적인 눈은 더욱 환하게 되었습니다. 참으로 재미있게도 이 부분에서 그는 그의 아버지 이삭과 대조를 이루지요. 이삭은 나이가 들어 눈이 어두워지면서 더불어 영안도 어두워졌는데 말이지요. 야곱은 정반대입니다. 아마도 이삭은 고난이 없는 삶을 살았고 야곱은 고난이 넘치는 삶을 살았기 때문이 아닐까 합니다. 이런 고난을 통해 영안이 열린 야곱, 그는 인간적인 눈이 아닌, 인간적인 정리가 아닌 하나님의 뜻과 섭리를 분명하게 분별할 수 있게 되었습니다. 인간적인 생각이나 정리로 말하자면 당연히 장남인 므낫세를 앞세우고 아들 요셉의 간절한 소원을 외면할 수가 없었겠지요. 요셉이 그에게 어떤 아들입니까? 채색 옷을 입히고 사랑했던 아들이요, 죽었다고 생각했던 아들이요, 그의 모든 가족들을 부양하고 있는 믿음직한 아들이 아닙니까? 그런 아들의 소원을 거절하기가 인간 정리상 쉽겠습니까? 아니요! 어렵습니다. 아마 예전의 야곱이라면 결코 그렇게 하지 못했을 것입니다. 하지만 지금의 야곱은 그 모든 것을 초월해 있습니다. 그는 그 모든 것보다 하나님의 뜻과 선택에 우선권을 둡니다. 그리고 그는 에브라임을 앞세워 축복합니다. 그렇기에 하나님은 이런 야곱의 모습을 기억해 두신 것입니다. 그리고 이것을 히브리서에 기록하실 정도로 그의 믿음의 의로운 행동으로 여기신 것입니다. 이처럼 하나님은 우리의 육적이며 세속적인 가치관과 소행들이 깨지기를 원하십니다. 그리고 우리의 영안이 열리길 원하십니다. 그래서 야곱처럼 하나님의 뜻과 선택하심의 비밀을 알고 순종하는 자가 되기를 원하십니다. 이것이 이번 야곱에 대한 연구를 통해 하나님이 우리에게 주시는 기도제목입니다. "하나님! 나로 나의 모든 육적이고 세속적인 가치관과 소행을 깨뜨리게 하여 주시옵소서. 나로 말년의 야곱처럼 영적인 눈이 떠서 하나님의 뜻과 계획을 보게 하여 주시옵소서."

2) 지팡이 머리에 의지하여 축복한 야곱

두 번째로 야곱의 축복기도 사건의 숨은 의미는 무엇일까요? 그것을 히브리서 기자가 보여줍니다. 히브리서 11장 21절입니다. 다시 읽을까요?

"믿음으로 야곱은 죽을 때에 요셉의 각 아들에게 축복하고 그 지팡이 머리에 의지하여 경배하였으며" (히11:21)

여기서 주목해야 할 부분이 바로 '그 지팡이 머리에 의지하여 경배하였다'라는 부분입니다. 이것이 과연 무슨 의미일까요? 야곱이 너무 늙어 힘이 없어 지팡이를 의지하지 않고는 서 있을 힘이 없어 지팡이를 의지하여 축복하고 하나님께 경배할 수 있었다는 의미입니까? 맞습니다. 그런 의미입니다. 분명 이 부분에서 우리는 힘이 없는 야곱이 지팡이를 의지하여 서서 요셉의 아들들을 축복해 주는 장면을 연상할 수가 있습니다. 하지만 과연 이런 목적 하나만을 의미하는 것일까요? 야곱의 그 파란만장한 인생을 한 줄로 요약하면서 단지 야곱이 힘이 없어서 지팡이를 의지할 수밖에 없었다는 것을 설명하기 위해 이 구절을 쓰고 있는 것일까요? 그렇지 않습니다. 이 구절은 단지 야곱이 축복기도해 줄 때의 모습을 형용해 주기 위한 단 하나의 목적으로만 씌어진 구절이 아닙니다. 대신 이것은 야곱의 말년의 변화된 삶에 대한 중요한 단서를 제공해 주는 구절입니다.

잘 들으십시오. 나이 70세에 야곱은 형 에서를 속이지요. 우리는 착각합니다. 청년 야곱이 에서를 속이고 도망간 것으로 말입니다. 하지만 성경을 깊이 연구하면 야곱의 나이 70세에 아버지 이삭을 속이고 밧단아람으로 도망간 것을 알 수가 있습니다. 아무튼 그때 야곱이 가지고 갔던 것이 무엇이었습니까? 바로 지팡이 하나였습니다. 창세기 32장 10절의 야곱의 고백입니다.

> "나는 주께서 주의 종에게 베푸신 모든 은총과 모든 진리를 조금이라도 감당할 수 없사오나 내가 내 지팡이만 가지고 이 요단을 건넜더니 지금은 두 떼나 이루었나이다." (창32:10)

바로 지금 야곱이 의지하여 서 있는 지팡이는 바로 야곱이 집을 떠날 때 가지고 갔던 그 지팡이입니다. 즉 야곱이 겪은 147년간의 험악한 인생을 함께 한 그 지팡이인 것입니다. 이것에 주목해야 합니다. 야곱의 지팡이는 야곱이 슬플 때나, 힘들 때나, 위기의 상황일 때나, 기쁨의 상황일 때나, 죄악 가운데 있을 때나, 회개의 눈물을 흘릴 때나, 언제나 그와 함께 했던 그의 인생의 분신과 같은 존재였습니다. 그의 인생의 증인과 같은 존재입니다. 그렇기에 지금 야곱이 그의 지팡이를 의지하여 축복하고 경배했다는 것은 단지 힘이 없어 지팡이를 의지하여 서 있다는 의미만이 아닙니다. 대신 이것은 그의 인생 전체를 의지하여서 축복하고 경배했다는 의미인 것입니다.

그럼 그의 인생 전체를 의지하여 축복하고 경배했다는 의미는 무엇입니까? 우리가 보통 "내 인생 전체를 걸고 말하는데……"라고 말할 때 내 인생 전체란 어떤 뜻을 가집니까? 내 인생의 모든 경험이나 깨달음을 말하지요. 마찬가지입니다. 야곱이 그의 인생전체를 의지하여 축복하고 경배했다는 뜻은 바로 그가 그의 인생전체를 통해 깨달은 그 깨달음으로 축복하고 경배했다는 의미인 것입니다.

야곱은 그의 험악한 인생길 147년을 통해 깨지고 깨졌습니다. 사기꾼 야곱, 육적이고 세속적인 야곱에서 이제는 명실상부한 이스라엘로, 약속의 조상으로 변화되었습니다. 그런 변화의 과정이 어디 쉬웠습니까? 아니요! 험악했지요. 지독히도 길고 험한 밀고 당기는 하나님과 야곱과의 싸움이 있었습니다. 그리고 그런 147년의 싸움 끝에 야곱은 비로소 크게 깨달은 것이 있었습니다. 그것은 "내 속의 야곱이 깨져야 한다."는 것이었습니다. 내 속의 야곱이 깨지지 않을 때 결코 내 인생에 하나님의 복이 임할 수 없고 하나님의 뜻이 성취될 수 없다는 것을 깨달은 것이지요. 그리고 그런 깨달음이 그를 성숙한 하나님의 이스라엘로 만든 것입니다. 바로 이런 깨달음에 의지하여 야곱은 비로소 축복하고 경배할 수 있었던 것입니다. 그렇기에 지팡이를 의지하여 축복하고 경배하는 야곱의 모습은 야곱의 변화된 삶을 대표적으로 보여주는 것이 될 수가 있었던 것입니다.

이것이 중요합니다. 야곱은 147년이라는 기나긴 치열한 하나님과의 씨름 끝에 이 진리 하나를 깨달았습니다. 너무나 오랜 시간이 걸렸지요. 야곱이 워낙 못된 인간이라서요? 아닙니다. 야곱은 어쩌면 우리 평범한 인간을 대변하는 존재인지도 모릅니다. 사실 우리와 야곱과 큰 차이가 없지요. 우리도 수도 없이 하나님이 깨닫게 하시고 말씀하시는데도 여전히 제자리걸음이 아닙니까? 김종국의 '제자리걸음'은 노래라도 좋지요? 신앙인이 제자리걸음하는 것은 정말 '아니올시다'입니다. 야곱을 욕할 수 없다는 것입니다. 하지만 그렇다 하더라도 야곱처럼 늦게 깨닫고 인생을 험악하게 보낼 필요는 전혀 없습니다. 일찍 깨닫고 일찍 항복하고 되도록 빨리 내 안의 야곱을 깨뜨려야 합니다.

그리고 이렇게 자신 안의 야곱을 깨뜨린 자만이 누군가를 축복하고 경배할 수가 있습니다. 우리는 흔히 찬양하지요. "당신은 하나님의 언약 안에 있는 축복의 통로"라고. 그런데 정말 유감스럽게도 자신 안에 있는 야곱이 깨지지 않은 사람은 결코 축복의 통로가 될 수 없습니다. 하지만 자신 안에 있는 야곱을 깨뜨린 자는 당당하게 그의 주변에 복의 통로가 될 수 있습니다. 축복해 줄 수 있습니다. 보십시오. 야곱에게는 12명의 아들이 있었습니다. 그런데 야곱이 147세가 되도록 그의 아내와 그의 아들들을 축복해 주고 기도해 주었다는 기록이 전혀 없습니다. 오히려 야곱의 집안은 한마디로 콩가루 집안이었지요. 장자인 르우벤은 아버지의 첩 빌하와 통간을 하지 않나, 아내 라헬은 자신이 자식을 못 낳은 것을 가지고 남편에게 무례하게 죽겠다고 공갈협박을 하며 첩을 들이라고 강요를 하지 않나,

시므온과 레위는 세겜 성 사람들을 속이고 그들을 잔혹하게 학살하고 그 재산과 부녀자들을 약탈해 온 자신들을 책망하는 아버지 야곱에게 무엇이라 말합니까? 아주 살벌한 어투로 대꾸를 하지요. "그가 우리 누이를 창녀 다루듯이 하는데도 그대로 두라는 말입니까?" 아버지 야곱이 '아!' 소리도 못하게 말을 하지요. 실제로 이 말 뒤에 야곱은 더 이상 어떤 말도 못합니다. 아버지의 권한이 땅에 떨어질 대로 떨어진 것입니다. 이런 상황에서 무슨 축복기도를 해 줄 수 있었겠습니까? 당연히 할 수가 없었지요. 왜 이런 일이 벌어지고 있습니까? 야곱이 하나님 앞에서 깨어지지 않았기 때문입니다. 깨어지지 않았기에 축복의 통로의 역할을 할 수가 없었던 것입니다. 하지만 야곱이 깨어지고 나니까 그는 자연스럽게 자녀들을 축복할 수 있는 권위를 가지게 되었습니다. 자녀들에게 하나님의 복을 빌어주는 하나님의 복의 통로가 되었습니다. 야곱이 나이 147세가 되니까 더 힘이 세지고 그가 가진 권력이 더욱더 강해져서 자녀들이 그의 앞에 굴복하는 것입니까? 아니요! 오히려 예전의 야곱이 훨씬 더 육적으로 강하지요. 족장의 권력도 예전이 훨씬 더 막강하고요. 하지만 그때의 야곱은 감히 아내와 자녀들을 축복해 줄 수 없었습니다. 하지만 오히려 지팡이가 없이는 서지도 못하는 처지가 된 지금, 야곱은 아주 강력하게 자신의 자녀들을 축복해 주지요. 심지어는 전 세계의 지배자 바로까지 복을 빌어주는 것을 보게 됩니다.

여기서 우리는 아주 귀한 통찰을 얻습니다. 우리 믿는 자들이, 우리 한국교회가 언제 이 사회와 세상의 축복의 통로가 될 수 있을까요? 숫자가 늘어나고 교회 건물을 800억을 들여 최신식으로 짓고 헌금이 차고 넘치고 목회자의 숫자가 마구 늘어나면 축복의 통로가 될 수 있을까요? 아니요! 지금 한국 교회가 이렇지 않습니까. 그럼에도 세상이 우리를 축복의 통로로 인정해 줍니까? 여러분의 주변사람들이 여러분을 축복의 통로로 인정해 줍니까? 무시나 하지 않으면 다행이 아닙니까? 오히려 이런 현상은 기독교가 타락했다는 증거입니다. 이재철 목사님의 『비전의 사람』이라는 책에 나오는 이야기입니다. 종교가 타락하면 나타나는 몇 가지 현상이 있는데 그 대표적인 것이 성직자의 급증입니다. 고려 말 불교가 타락하니까 고려 땅에 중 천지였습니다. 티베트의 라마불교의 타락 시 티베트 남자의 70%가 라마승이었습니다. 중세 기독교의 타락 시도 마찬가지였습니다. 온 유럽에 신부들이 넘쳐났지요. 우리가 잘 아는 『적과 흑』이 바로 그것을 주제로 한 것이 아닙니까? 그 당시 남자들이 출세하기 위해 선택하는 두 가지 직업이 있었습니다. 하나는 적색 옷을 입는 가톨릭 사제요, 다른 하나는 검은 옷을 입는 판사였습니다. 타락한 종교와 세상을 비판하는 책이지요. 한국 교회도 마찬가지입니다. 매년 제가 속한 장신대(통합측)만 해도 똑똑하고 유능한 청년들이 목사가 되겠다고 마구마구 몰려듭니다. 200여 명 뽑는데 1200명에서 1500명까지 지원을 합니다. 왜요? 할만한 직업이니까요. 왜 할만한 직업이 되었습니까? 자기 부인이 없으니까요. 자기 부인 없이 적당히 목사 노릇 해도 누가 뭐라 하는 사람이 없으니까 너도나도 몰려드는 것입니다. 타락인 것입니다. 이런 상황에서는 결코 한국 교회가 신자들이 세상의 축복의 통로가 될 수 없습니다. 비난의 대상이나 될까요? 대신 깨져야 합니다. 우리 안에 있는 교만과 자기 생각과 욕심과 세속에 물든 가치관들이 깨져야 합니다. 그리고 순수한 첫사랑을 회복해야 합니다. 초대교회처럼 건물도 없고 돈도 없고 권세도 없고 지식도 없고 능력이 없어도 예수에 대한 순결함과 뜨거운 사랑만은 있어야 합니다. 예수에 대한 그 순결함과 뜨거운 사랑을 회복해야 합니다. 그럴 때 우리도 축복의 통로가 될 수 있습니다. 이것이 바로 이번 야곱연구를 통해 얻을 은혜입니다. "하나님! 우리로 세상의 축복의 통로가 되게 하여 주시옵소서. 이를 위해 내 안의 야곱이 깨어지게 하여 주시옵소서!"

3) 당당히 축복하는 자 야곱: 소유한 장자권을 사용하고 누리는 자

야곱의 안수기도 사건에서 세 번째로 보게 되는 의미는 야곱이 그토록 원했던 장자권을 그가 얻었다는 것입니다. 그런데 단지 얻은 것만이 아니라 그 장자권의 의미를 야곱이 제대로 이해했고 그것을 누리고 있다는 것입니다. 이것은 굉장한 차이입니다. 단지 소유한 것과 그 소유한 것의 가치와 의미를 제대로 알고 그것을 누리는 것과는 천지 차이가 있습니다. 제게 이런 경험이 있습니다. 아는 분이 몇 년 전에 시제품이라고 하면서 손바닥 크기의 아주 조그마한 캠코더 같은 것을 주셨습니다. 마치 장난감 같았습니다. 그래서 별 의미 없이 그냥 장롱 속에 처박아 두었습니다. 그리고 한 1년이 넘게 지났습니다. 우연히 TV를 봤더니 아주 작은 손바닥만한 신제품 디지털 카메라가 소개되는데 1년 전에 선물 받은 것과 같은 것이었습니다. 그래서 황급히 그것을 찾아보았더니 글쎄 1년 전에는 최신식인 시제품 디카였지 뭡니까? 그것을 쓰지 않고 일년간 장롱 속에 처박아 둔 것입니다. 그리고 그 사이에 디카가 없어서 불편하다고 디카를 살까 말까 고민했지 뭡니까? 무식하니까 좋은 것을 가지고도 구식으로 만들고 써 먹지도 못하고 말았습니다. 물론 그 이후 잠깐 사용했지만 이미 구형이 된 지 오래되어 버린 후였습니다. 이처럼 소유했다고 다가 아닙니다. 소유한 것의 의미를 제대로 알고 그것을 누릴 수 있어야 소유의 의미가 있는 것입니다.

그런데 사실 엄밀히 말하면 야곱은 이미 장자권을 그의 나이 70세에 소유했습니다. 그가 형 에서를 속이고 팥죽 한 그릇으로 형의 장자권을 샀을 때 이미 장자권은 그의 소유가 되었습니다. 어찌되었건 장자권을 팔고 샀기 때문입니다. 그리고 야곱이 아버지 이삭을 속이고 축복을 가로챘을 때 이미 그는 장자의 모든 축복을 가진 자가 되었습니다. 그런데 야곱은 그 후 거의 67년이 지나도록 그 장자권을 사용하지 못하고 삽니다. 그가 장자권을 사용했음을 암시하는 본문은 눈을 씻고 찾아봐도 없습니다. 그가 최초로 그 장자권을 사용한 경우는 137살에 바로의 앞에 서서 바로를 축복할 때였습니다. 무려 67년이 흐른 뒤였지요. 이상하지 않습니까? 자신이 그토록 소원하던 장자권을 야곱은 왜 67년간이나 사용하지 못했을까요? 간단합니다. 장자권의 의미가 무엇인지를 정확히 몰랐기 때문입니다. 야곱은 장자권을 단지 족장의 권리로만 생각했습니다. 아버지의 모든 권리를 이어받아 모든 재산을 상속하고 가족들의 생살여탈권을 쥐며 하나님이 주시는 모든 현세적인 복을 누리는 것이 바로 장자권인 줄 알았습니다. 이것은 장자권의 의미를 50%만 안 것입니다. 그리고 사실 장자권의 의미는 나머지 50%가 더욱더 중요합니다. 그 나머지 50%는 바로 축복권입니다. 아브라함부터 이어져 내려오는 장자권의 핵심은 족장으로서 하나님과 세상의 중재자 역할을 하며 그들에게 하나님의 복을 빌어주는 축복권에 있습니다. 이것은 마치 이스라엘이라는 민족을 세우신 이유와 같습니다. 하나님은 이스라엘을 세상의 모든 민족의 장자로 세우셨습니다. 왜요? 혼자 복을 다 받아 누리라고요? 아닙니다. 그들을 통해 하나님의 축복이 온 세상에 흘러넘치도록 하시기 위해서입니다. 그들을 하나님과 세상의 중재자인 제사장 나라로 세우시기 위해서입니다. 그렇기에 말씀하지요. "너는 택한 족속이요 왕 같은 제사장이요 거룩한 나라 하나님의 소유된 백성" (벧전 2:9)이라고.

　그런데 야곱은 장자권의 중요한 50%의 의미를 몰랐습니다. 그는 단지 이 땅에서 부귀와 영화와 권세를 누리도록 해 주는 것이 장자권인 줄 알았습니다. 그러니 그 권을 사용할 수가 있습니까? 아직 부귀와 영화와 권세가 야곱에게 임하지 않았는데 어찌 장자권을 사용하겠습니까? 야곱의 말년에 이르기까지 이런 부귀와 영화와 권세가 온전히 야곱에게 따른 적은 없었지요. 그러니 대신 야곱은 자신이 알고 있고 있는 대로, 자신이 소유한 장자권에 걸맞은 삶을 살기위해 정말 등골이 휘도록 노력하게 된 것입니다. 야곱, 그는 정말 열심히 삽니다. 라반의 집에서의 20년 동안 그는 눈코 뜰 새 없이 부와 영화와 권세를 얻기 위해 지냅니다. 하지만 결국 그가 원하는 만큼 얻지 못했고 야곱에게 장자권은 그림의 떡이요, 사용하지 못하는 디카였던 것입니다.

그런데 만약 장자권의 의미를 야곱이 진작 알았다면 어떻게 되었을까요? 아마 모르긴 몰라도 그는 얼마든지 그 장자권을 사용할 수 있었을 것입니다. 비록 재물은 없어도 명예는 없어도 그는 가는 곳마다, 만나는 사람마다, 당당하고, 담대하게, 복을 빌어 줄 수 있었을 것이고요, 축복을 주는 사람으로 그의 삶을 살 수가 있었을 것입니다. 하지만 불행하게도 야곱은 137세가 되어서 비로소 그 장자권을 사용합니다. 애굽의 바로 앞에서 말이지요. 그렇기에 오늘 본문의 야곱의 축복기도는 그가 그토록 소유하기를 원했던 장자권의 의미를 완전히 알고 사용하고 누리고 있는 아주 감격스러운 장면이라는 것입니다. 당연히 야곱의 인생의 가장 도드라지는 한 장면이 될 수가 있는 것입니다.

이것이 주는 통찰이 큽니다. 우리가 왜 축복의 통로로 서지 못합니까? 우리를 하나님의 자녀로 택해주신 선택의 의미를 제대로 알지 못하기 때문입니다. 우리가 흔히 하는 오해는 이렇습니다.

먼저는 "예수 천당, 불신 지옥"이라는 말로 대변되듯이 우리를 하나님의 자녀로 택해주신 것이 단지 우리를 구원하시기 위한 목적 하나뿐인 것처럼 제한적으로 생각을 합니다. 이것은 50%만 아는 것입니다. 하나님이 우리를 하나님의 자녀로 삼아주신 것은 우리만 구원받고 천국에 가라는 의미가 아닙니다. 온 세상의 모든 사람들이 우리처럼 하나님의 복을 받고 하나님의 자녀가 되도록 축복의 통로가 되라는 의미입니다. 이 의미를 모를 때 우리는 이기적인 신앙인, 전도하지 못하고 선교하지 못하는 신앙인이 되어 버립니다. 우리가 이 땅에 있는 이유는 축복의 통로가 되어 온 세상이 구원을 얻도록, 하나님의 자녀가 되도록 하는 일이라는 사실을 기억하십시오.

두 번째의 오해는 우리 신앙인들이 세상적인 복을 받아야만 복의 통로가 될 수 있다는 착각입니다. 이것은 야곱의 착각과도 같습니다. 야곱도 세상의 부귀와 영화와 명예를 얻어야만 장자권을 얻은 것, 누리는 것으로 착각했지요. 마찬가지로 많은 교회에서 이런 가치관을 가르칩니다. 우리는 위에 있는 자가 되어야 하고 꾸어줄지언정 꾸는 자는 되지 말아야 하며 세상의 복을 누려 지도자가 되어야 한다. 이 말은 조심해서 들어야 합니다. 자칫하면 기복신앙으로 흐를 수 있기 때문입니다. 일단 이 말은 50%는 맞는 말입니다. 우리는 능력이 되는 한, 할 수 있는 한 최선을 다해 삶을 업그레이드 시켜야 합니다. 내 능력은 연봉 일억은 되는데 일부러 연봉 천만 원만 벌며 살 필요는 없다는 것입니다. 능력이 되면 연봉 일억을 버는 것이 옳습니다. 내 능력은 장관급 정도가 되는데 겸손하여서 9급 공무원으로 평생 지낼 필요는 없다는 것입니다. 하지만 잊지 말아야 할 것은 꼭 장관이 되어야만, 꼭 연봉 일억이 되어야만 하나님께 영광을 돌리고 축복의 통로의 역할을 할 수 있는 것은 아닙니다. 대신 연봉 천만 원이든, 9급 공무원이든 상관없이 신앙인은 당연하고 당당하게 세상을 향해 축복의 통로가 되어야 한다는 것입니다. 왜요? 축복의 권은 내가 가진 지위나 능력에 상관없이 하나님의 자녀가 가지는 고유한 권한이기 때문입니다. 그런데 문제는 많은 신앙인들이 잘못된 가르침에 현혹되어 있다는 것입니다. 자신은 연봉 일억이 안 되니까 축복의 통로의 역할을 지레 포기하거나 생각조차 안 합니다. 자신의 모습을 통해 무슨 하나님의 영광이 드러나고 복이 흘러가겠는가 하고 생각합니다. 이런 안타까운 일이 어디 있습니까? 축복의 권한을 줘도 사용 못하고 썩히는 일이 우리 가운데 있다는 것입니다. 왜요? 축복의 권에 대한 오해 때문입니다. 사탄의 속임수에 속아 넘어간 것입니다. 그렇기에 이제 정정합시다. 우리는 하나님의 자녀이면 빈부나 귀천이나 성별이나 나이에 상관없이 당연히 당당하게 축복의 통로가 되어야 합니다. 세상을 축복해 줄 수 있어야 합니다. 야곱을 보십시오. 그와 바로와 비교가 됩니까? 한쪽은 137세의 초라한 목동이요, 한쪽은 대제국의 왕입니다. 그런데 야곱이 바로를 축복하지 않습니까? 그의 가진 것으로 축복하고 있습니까? 아니오! 하나님이 그에게 주신 하나님의 백성의 권한으로 축복하고 있는 것입니다. 이것이 이번 야곱연구를 통해 얻을 은혜입니다. "하나님! 우리로 하나님이 우리에게 주신 축복권의 의미를 알고 당당히 사용하게 하여 주시옵소서. 가정과 교회와 세상을 축복하는 자들이 되게 하여 주시옵소서."

4. 야곱 평전 – 야곱을 말하다

지금까지 우리는 히브리서 11장을 통해 하나님이 쓰신 야곱의 평전 중 요약 중의 요약의 의미를 살펴보았습니다.

그것은 첫째로 육적이고 세속적이던 야곱이 영안이 열린 자, 야곱이 되었다는 것입니다. 여기에 우리의 기도제목이 있습니다. "주여 우리의 영안이 열리게 하여 주시옵소서"

두 번째로 지팡이 머리를 의지하여 축복하고 경배한 야곱을 통해 내 안의 야곱이 깨어질 때 비로소 축복의 통로가 될 수 있음을 발견하게 되었습니다. 야곱은 험악한 인생길 147년을 통해 비로소 깨달았습니다. "내 안의 야곱이 깨질 때 비로소 하나님의 복이 임하는구나."라는 사실을. 여기에 우리의 기도제목 두 번째가 있습니다. "주여 우리로 우리 안의 야곱이 속히 깨지게 하여 주시옵소서."

세 번째로 당당히 축복하는 야곱을 통해 그가 비로소 장자권의 의미를 제대로 알고 누리고 있음을 발견하게 되었습니다. 야곱은 장자권의 의미를 50%만 알고 있었지요. 그렇기에 그는 장자권을 소유하고도 67년간이나 사용하지 못하고 괜한 고생만 하지 않습니까? 여기에 우리의 세 번째 기도제목이 있습니다. "주여 우리로 하나님이 우리에게 주신 축복권의 의미를 제대로 알고 누림으로 가정과 교회와 세상을 축복하는 자가 되게 하여 주시옵소서."

이제 정리합니다. 이 책은 사기꾼 야곱에서 이스라엘의 조상 야곱으로 변화된 인간 야곱에 대해 살펴볼 것입니다. 그중 야곱의 비전과 야곱의 역량과 야곱의 열정과 야곱의 헌신과 야곱의 회개에 대해 깊이 있게 묵상할 것입니다. 야곱이라는 인물을 5가지의 관점에서 살펴보는 것이지요. 그리고 이런 야곱의 비전과 역량과 열정과 헌신과 회개의 꼭짓점에서 우리는 이런 야곱의 비전과 역량과 열정과 헌신과 회개라는 그의 인생의 5가지 중요 키워드들을 깨뜨리시고 새롭게 빚으셔서 그를 당당한 이스라엘로, 하나님의 복을 세상에 전해주는 자로 서게 하시는 하나님을 만날 것입니다. 그리고 더불어 우리도 우리 인생의 5가지 키워드들이 야곱처럼 깨지고 부서지고 새롭게 하나님 안에서 빚어지는 경험을 할 것입니다. 기대하십시오. 하나님께서는 이번 "야곱 평전-야곱을 말하다"를 통해 "나는 야곱입니다"라는 우리의 회개의 부르짖음을 듣길 원하십니다. 그리고 우리를 새롭게 빚으시길 원하십니다. 하나님의 약속을 성취하고 누리는 이스라엘로 말입니다. 이 은혜에 소외되는 사람이 없기를 기원합니다.

제 2 장

야곱의 비전 (창 28:10-19)

1. 비전, 우리 삶의 가장 큰 힘!

저는 가끔 이런 생각을 합니다. 평생을 주를 위해 헌신하다가 로마에서 교수형을 당할 때, 바울의 심정이 어떠했을까? 과연 그런 죽음이 바울이 평상시에 원했던 그의 마지막 모습이었을까? 여러분은 어떻게 생각하십니까? 아마도 믿음의 용사인 바울이었으니까 자신이 원하지 않았던 자리라 할지라도 감사하고 찬송하면서 마지막 순교의 자리를 맞이했을 것이라고 그냥 별 생각 없이 생각할 수 있을 것입니다. 하지만 저는 이런 생각을 하곤 합니다. '바울의 순교의 자리는 바울 평생의 비전과 비전을 위해 애쓰고 수고한 결과가 만든 영광의 자리이다.' 그냥 어찌어찌 하다 보니 로마에서 순교한 것이 아니라는 겁니다. 대신 그의 비전과 그 비전을 위한 평생의 수고의 산물이라는 것이지요. 앤티 스탠리 목사가 이런 말을 한 것을 읽은 적이 있습니다.

"모든 사람의 삶은 어디에선가 끝이 난다. 그러나 소수의 사람만이 의도한 곳에서 삶을 끝낸다. 그들은 비전의 사람이다."

참으로 의미심장한 말이 아닐 수 없습니다. '소수의 사람만이 의도한 곳에서 그의 삶을 끝낼 수 있다. 그들은 비전의 사람이다.' 무슨 말입니까? 비전이 우리의 삶을 우리의 목적대로 이끌어 주는 강력한 힘이 된다는 것입니다. 그렇기에 반대로 비전이 없는 자는 결코 그의 삶을 원하는 대로 살 수 없다는 것이지요. 왜일까요? 비전

에는 우리의 삶에 열정과 동기와 방향성과 목표를 불러일으키고 설
정케 하는 강력한 힘이 있기 때문입니다. 그렇기에 비전이 있으면
열정이 생깁니다. 다윗을 보십시오. 하나님의 성전을 건축하고자 하
는 비전이 있으니까 열정적으로 그 모든 준비를 하지 않습니까? 비
록 자신은 손에 피를 많이 묻혀서 성전을 직접 건축하지 못한다는
하나님의 음성을 들었지만 비전이 있던 다윗은 성전 건축 자재를 모
으는 열정을 멈추지 않습니다. 결국 그는 이런 고백을 하지요. 역대
상 29장 1절－5절입니다.

> "다윗 왕이 온 회중에게 이르되 내 아들 솔로몬이 홀로 하나님의
> 택하신 바 되었으나 오히려 어리고 연약하고 이 역사는 크도다. 이
> 전은 사람을 위한 것이 아니요 여호와 하나님을 위한 것이라 내가 이
> 미 내 하나님의 전을 위하여 힘을 다하여 예비하였나니 곧 기구를 만
> 들 금과 은과 놋과 철과 나무며 또 마노와 박을 보석과 꾸밀 보석과
> 채석과 다른 보석들과 화반석이 매우 많으며 성전을 위하여 예비한
> 이 모든 것 외에도 내 마음에 내 하나님의 전을 사모하므로 나의 사
> 유의 금, 은으로 내 하나님의 전을 위하여 드렸노니 곧 오빌의 금 삼
> 천 달란트와 천은 칠천 달란트라 모든 전 벽에 입히며 금, 은그릇을
> 만들며 공장의 손으로 하는 모든 일에 쓰게 하였노니 오늘날 누가 즐
> 거이 손에 채워 여호와께 드리겠느냐" (대상29:1-5)

이것이 비전이 일으킨 열정입니다. 비록 자신이 원하는 대로 이루
어지지 않더라도 그 열정이 식지 않는 것이 바로 비전이 일으킨 열
정이지요. 그에 반해 자신이 스스로 품은 열정은 쉽게 식습니다. 간
혹 그런 친구들이 있지요. 열정적으로 무슨 일을 하려다가 반대에
부딪히게 되면 그 모든 열정이 봄날 눈 녹듯이 없어지는 친구들입니
다. 왜 이렇게 됩니까? 비전이 일으킨 열정이 아니라 자신의 좋은
생각이 일으킨 열정이기 때문입니다. 비전은 꺼지지 않는 열정을 일

으킵니다.

두 번째로 비전은 강한 동기를 부여합니다. 같은 일을 하더라도 비전이 있는 사람이 일하는 것과 그렇지 않은 사람이 일하는 것은 다릅니다. 저는 대학교 1학년 때 1.88의 학점을 받았습니다. 하지만 똑같은 제가 신학대학원 때는 매 학기 성적장학금을 받고 학교를 다녔습니다. 갑자기 나이가 드니까 머리가 좋아진 것이 아닙니다. 커닝 기술이 는 것도 아닙니다. 비전이 준 동기 부여 때문입니다. 공부를 해야 하는 확실한 동기가 부여되어 있습니다. '이 공부는 주의 사역을 위해 꼭 필요한 공부이다'는 확실한 동기가 부여되어 있으니 달라진 것이지요. 비전은 강한 동기를 부여합니다.

세 번째로 비전은 방향성을 설정해 줍니다. 누구는 이것을 교통지도와 같다고 비유하더군요. 무엇을 할지, 어디로 갈지를 알려준다는 것입니다. 바울을 보십시오. 그에게는 예루살렘의 교회에 소아시아의 이방인 교회들이 헌금한 헌금을 전달해야 한다는 분명한 비전이 있었습니다. 그러니 아무리 옆에서 사람들이 예루살렘에 가면 결박을 당한다고 가르쳐 주고 심지어는 예언을 해 주어도 굽히지 않고 예루살렘으로 갑니다. 어떻게 이런 일이 가능합니까? 그에게는 비전이 있었기 때문입니다. 그 비전이 그가 해야 할 것이 무엇인지를, 세상의 훈수와 상관없이 그에게 정확하게 알려주었기 때문입니다.

마지막으로 비전은 우리의 삶의 목표가 됩니다. 목표가 있는 인생은 결코 갈지자 [之] 인생을 걷지 않습니다. 마치 100미터 경주자가 골인 지점을 보면서 일직선으로 달려가듯이 인생을 알차게 살아가지요. 빌립보서 3장 14절에서 바울이 그의 인생을 무엇이라 천명합니까?

　　"푯대를 향하여 그리스도 예수 안에서 하나님이 위에서 부르신 부름의 상을 위하여 좇아가노라" (빌3:14)

　이것이 바로 비전의 힘입니다. 열정과 동기와 방향성과 목표를 우리 삶에 부여하고 세워주는 힘입니다. 이런 점들 때문에 비전의 사람만이 자신이 의도한 곳에서 삶을 끝낼 수 있는 것입니다. 저는 여러분이 인생의 마지막을 이런 비전의 사람으로 마치기를 소망합니다. 전혀 원치 않았던 곳에서 "인생 헛살았다" 한탄하면서 끝내는 인생이 아니라 자신이 평생 소망하던 그곳에서 "다 이루었다"라고 만족해하며 하나님의 품에 안길 수 있기를 바랍니다. 그러기 위해 반드시 되어야 할 것이 바로 "비전의 사람"입니다.

　그렇기에 하나님도 그의 일을 맡길 사람으로 "비전의 사람"을 찾으십니다. 아니 엄밀히 말하면 하나님은 비전이 없던 사람들에게 비전을 주셔서 비전의 사람이 되게 하시고 그의 비전을 통하여 일을 하십니다. 성경의 모든 인물들이 다 그런 경우가 아닙니까? 출애굽의 비전을 받아 출애굽의 영웅이 된 모세, 하나님의 왕국의 비전을 받아 위대한 왕이 된 다윗, 이방인의 사도의 비전을 받아 이방인의 사도가 된 바울! 그들이 처음부터 비전의 사람이었던 것은 아니었지요. 정말 평범한 사람들이었고 심지어 바울은 예수를 핍박하는 자였습니다. 그런데 하나님이 그들에게 비전을 넣어 주셨지요. 그리고 그들은 모두 다 비전의 사람이 되었습니다. 그 결과 하나님은 그들의 비전을 통하여 위대한 자신의 일들을 이루어 내시지 않습니까? 그렇기에 우리에게도 소망이 있습니다. 혹여 아직까지 비전이 없더라도 기대하십시오. 하나님이 내게 비전을 주실 것을. 그 비전을 통해 나를 하나님의 사람으로 세우실 것을 기대하십시오. 믿음으로 기대하십시오. 하나님이 역사하실 것입니다.

2. 야곱의 비전? 하나님이 주신 것!

우리가 지금부터 집중적으로 연구할 야곱도 사실 하나님이 주신 비전을 가진 "비전의 사람"입니다. 그 "비전"이 그의 삶의 전체를 관통하며 그를 역동성 있게 움직이게 하고 있음을 보게 됩니다. 그리고 중요하게 놓치지 말아야 할 것은 사실 야곱이 산 147년의 그의 험악한 인생도 그 출발은 하나님이 주신 비전 때문에 시작되었다는 것입니다.

생각해 보십시오. 야곱의 인생이 왜 꼬이기 시작했고 험악한 인생으로 돌변하게 되었습니까? 집안에서 얌전하게 어머니를 도와 신부 수업(?)이나 하던 야곱이 왜 험악한 나그넷길 인생을 살게 되었습니까? 형 에서의 장자권을 팥죽 한 그릇으로 뺏고 아버지 이삭을 속여서 축복을 가로챘기 때문이 아닙니까? 그럼 왜 야곱이 굳이 형 에서의 장자권을 빼앗으려 안달을 했을까요? 그가 선천적으로 못되고 질투가 많고 내 것 남의 것, 개념이 없는 사람이라서 그렇습니까? 아닙니다. 그럼요? 하나님이 그에게 장자가 될 것이라는 비전을 주셨기 때문입니다. 언제요? 그가 태중에 있을 때입니다. 그가 태중에 있을 때 어머니 리브가는 심각한 고민에 빠집니다. 쌍둥이를 임신했는데 그 쌍둥이가 여느 쌍둥이와는 달리 심하게 태중에서 싸우고 있던 것이었지요. 결국 견디다 못한 리브가(주: 개역성경은 자칫 이삭이 하나님께 신탁을 들으러 간 것으로 오해하게끔 '그'라는 대명사를 쓰고 있다. 하지만 원문은 리브가가 하나님께 신탁을 들으러 간 것으로 기록되어 있다)는 하나님의 신탁을 듣기 위해 기도합니다. 그 때 하나님이 리브가에게 말씀해 주시는 신탁이 바로 야곱이 장자가 될 것이라는 비전이었습니다. 창세기 25장 23절입니다.

> "여호와께서 그에게 이르시되 두 국민이 네 태중에 있구나. 두 민족이 네 복중에서부터 나누이리라. 이 족속이 저 족속보다 강하겠고 큰 자는 어린 자를 섬기리라. 하셨더라." (창25:23)

보십시오. 만약 이 비전이 없었다면 야곱은 너무나도 당연하게 차자로 만족하며 살았을지 모릅니다. 그 당시 고대근동에서 장자에게 장자권을 주는 것은 불문율처럼 엄격하게 지켜지고 있었기 때문입니다. 그런데 하나님이 야곱의 의지와 상관없이 야곱을 장자로 선택하셨습니다. 고대근동의 모든 관습을 깨면서. 그럼 야곱을 아예 처음부터 장자로 만들어 주시면 좋지 않았겠습니까? 말씀 하나로 천지를 창조하신 하나님이 그까짓 태어나는 순서 하나 바꾸실 수 없겠습니까? 만약 야곱이 장자로 태어났다면 싸움도 없고 속임수도 없고 좋지 않겠습니까? 그런데 이것도 아닙니다. 하나님은 참으로 이상하게도 야곱에게 장자권을 주셨으면서도 장자가 아닌 차자로 태어나게 하셨습니다. 여기에 모든 문제의 근본 원인이 있지요. 그렇기에 사실 야곱의 험악한 세월의 근본 출발은 하나님이 주신 비전에서 찾을 수 있습니다. 그리고 이후에 일어나는 야곱의 삶의 그 굴곡 많은 사연들도 사실 하나님이 주신 비전을 성취하기 위해 하나님의 방법이 아닌 인간적인 방법으로 행했던 야곱의 분투와 실패들로 점철되어 있음을 발견하게 됩니다. 그렇기에 야곱에게서 '비전'을 빼놓고는 그의 일생을 말할 수가 없습니다. 야곱은 자신이 가진 비전에 대한 이해가 옳았던 잘못되었던 확실하게 하나님께서 주신 비전을 가진 비전의 사람이었고 그 비전을 위해 온 생을 불사른 사람이었던 것만은 확실합니다.

이것이 중요합니다. 비전은 우리로 하여금 삶의 자리에 머물러 있지 못하게 합니다. 반드시 그 삶을 변화시키고자 애를 쓰게 합니다. 그렇기에 비전은 현재와 미래와의 갈등 사이에서 잉태되는 것입니다. 다른 말로는 현실에 만족하지 못한 사람의 마음에서 생겨난다는 것입니다. 모세를 보십시오. 그는 애굽 공주의 아들로 왕자의 신분이었습니다. 그렇지만 그에게는 분명한 민족적인 정체성과 자신의 민족에게 주신 하나님이 언약이 있었습니다. '나는 히브리인이다. 우리는 하나님이 택하신 백성이다.' 그런데 현실은 그의 이상과 너무 다릅니다. 그의 민족은 아무런 소망 없이 애굽의 노예로 전락해서 그 노예생활에 만족하며 살아갑니다. '이렇게 살아서는 안 되는 민족인데……' 모세의 마음에 현실과 이상과의 갭(Gap)이 생겨났고요, 그 사이에서 갈등이 일어났습니다. 그리고 결국 그는 자신의 민족을 해방시키고자 하는 비전을 가지게 됩니다. 이렇듯 비전은 갈등 속에서 잉태됩니다. 그렇다고 오해는 마십시오. 모든 갈등이 다 비전이 되는 것은 아닙니다. 부모님과의 심각한 갈등 속에 독립을 했습니다. 그것을 갈등 속에 생긴 비전이라고 말할 수 있습니까? 아니지요. 그건 그냥 해결해야 할 갈등일 뿐입니다. 왜요? 하나님이 주신 비전을 이루는 갈등은 언제나 도덕적인 의무감으로 느껴지기 때문입니다. 처음에는 갈등이었는데 점차 시간이 지나면서 그것은 안하면 안 되는 도덕적 의무감으로 느껴집니다. 안 하면 죄를 짓는 것 같은. 그렇기에 모세도 왕자의 신분을 박차고 나와 히브리인의 편에 선 것이 아닙니까? 그런데 부모님과 싸우고 독립하는 것이, 독립을 하지 않으면 죄를 짓는 것 같은 의무감으로 느껴집니까? 아니지요. 그렇기에 모든 갈등이 비전이 되는 것은 아닙니다.

하지만 모든 비전은 갈등 속에서 잉태됩니다. 그렇기에 갈등 속에 있는 분이 있습니까? 그렇다면 진지하게 성찰해 보십시오. 그 갈등은 어쩌면 하나님이 주신 비전을 잉태하기 위한 해산의 고통과 같은 것일 수 있기 때문입니다. 한 가지 예로 교회나 청년부를 보면서 갈등이 생기는 분이 있습니까? '이것은 아닌데? 이렇게 나약한 예배를 드리고 이렇게 형식적인 교제를 나누고 이렇게 변화가 없는 삶을 사는 것이 아닌데?' 이런 갈등이 있습니까? 이 갈등은 바로 하나님이 주신 비전을 잉태하기 위한 갈등입니다. 이런 갈등은 죽이면 안 됩니다. 이런 갈등은 키워야 합니다. 그리고 성장시키고 성숙시켜야 합니다. 비록 이 갈등 때문에 내 삶이 험악해지는 한이 있어도 말입니다. 바로 이것입니다. 왜 하나님이 야곱에게 갈등을 주셨을까요? 그냥 편하게 장자로 태어나게 하시면 되었을 것을. 왜냐하면 그랬다면 아마 야곱은 하나님이 주신 장자의 권을 그냥 당연한 권리 정도로만 이해하고 넘어갔었을 것입니다. '장자권은 당연히 장자인 내가, 그것도 하나님의 신탁도 받은 내가 가지는 것은 당연하다.' 이런 정도의 당연한 권리 정도로 생각했을지 모릅니다. 그렇게 된다면 야곱의 장자권을 통해 이룩하신 하나님의 원대한 비전은-야곱을 모든 열방을 축복하는 축복의 통로인 이스라엘로 만들어 주시고 그를 통해 이스라엘의 열두 지파의 근간을 형성케 하신-물 건너가게 되었을 것입니다. 그렇기에 하나님은 야곱에게 갈등을 주신 것입니다. 그리고 그 갈등 속에서 그에게 말씀해 주신 비전이 잉태되어 야곱의 것이 되고 야곱에게 갈망되어서 야곱의 삶을 변화로 이끌 수 있는 강력한 힘이 되도록 하신 것입니다. 그렇기에 하나님이 갈등을 주셨습니까? 그 갈등을 통해 하나님의 비전을 잉태하시기 바랍니다. 또한 하나님이 주신 비전이 갈등을 유발하고 있습니까? 그렇다면 그 갈등을 통해 하나님의 비전을 성숙시키고 성장시키시기 바랍니다. 그 갈등을 통해 하나님이 주신 비전을 진정한 내 비전으로 만들 수 있기를 바랍니다.

3. 야곱에게 주신 비전의 내용

여기서 중요한 질문을 던질 수가 있지요. 그럼 도대체 하나님이 야곱에게 주신 비전의 구체적인 내용은 무엇입니까? 단지 장자권 하나입니까? 아닙니다. 장자권만이 비전일 수 없습니다. 오히려 장자권은 야곱이 진정한 비전 중 단지 일부분이며 어쩌면 야곱이 진정한 비전을 이루고 찾게 하기 위한 하나의 미끼와 같은 도구일 수 있습니다. 그럼 하나님이 진정 야곱에게 주시고자 한 비전은 무엇입니까? 우리는 그 비전을 오늘 본문을 통해 보게 됩니다. 창세기 28장 10-19절입니다. 12-15절까지만 보겠습니다.

"꿈에 본즉 사닥다리가 땅위에 섰는데 그 꼭대기가 하늘에 닿았고 또 본즉 하나님의 사자가 그 위에서 오르락내리락 하고 또 본즉 여호와께서 그 위에 서서 가라사대 나는 여호와니 너의 조부 아브라함의 하나님이요 이삭의 하나님이라 너 누운 땅을 내가 너와 네 자손에게 주리니 네 자손이 땅의 티끌 같이 되어서 동서남북에 편만할지며 땅의 모든 족속이 너와 네 자손을 인하여 복을 얻으리라. 내가 너와 함께 있어 네가 어디로 가든지 너를 지키며 너를 이끌어 이 땅으로 돌아오게 할지라. 내가 네게 허락한 것을 다 이루기까지 너를 떠나지 아니하리라 하신지라." (창28:12-15)

본문의 내용인즉 이렇지요. 야곱의 나이 70세 즈음에 그는 엄청난 사고(?)를 치지요. 무슨 사고입니까? 아버지 이삭을 어머니 리브가와 공모하여 속이고 형 에서가 받을 축복을 가로 챈 것입니다. 이 일로 인해 야곱은 어쩔 수 없이 정든 고향집과 부모의 품을 떠나야 했습니다. 왜요? 형 에서가 그 일로 인해 야곱을 살해할 마음을 가졌기 때문입니다. 이것은 단순히 욱하는 심정으로 순간 생겼다가 사라질 감정이 아니었습니다. 나중에 확인하게 되지만 근 20년간을 지속될 감정이었지요. 쉽게 그 순간만 모면하면 될 일이 아니었다는 것입니다. 이런 살해 의도를 어머니 리브가가 알았습니다. 그리고 야곱에게 집을 떠나 있을 것을 권면합니다. 동시에 두 아들을 잃을 수는 없겠지요. 그 당시의 고대법은 살해 의도를 가지고 살해한 자는 반드시 사형에 처한다는 법이 있었기 때문입니다(민35:19). 이 일로 졸지에 야곱은 도망자 신세가 되어 버린 것입니다. 그리고 외삼촌 라반이 있는 하란으로의 약 2000리 길의 여행길에 오르게 된 것입니다. 약 786킬로의 거리입니다. 잘 생각해 보십시오. 기가 막힌 일이 아닙니까? 야곱이 들키면 복은 고사하고 저주를 받을 수 있다는 것을 뻔히 알면서도 왜 모험을 감행하면서까지 아버지 이삭을 속였습니까? 장자권 때문입니다. 그런데 장자권이라는 것은 집에 있어야만 의미 있고 사용 가능한 것이 아닙니까? 집을 떠난 도망자에게 장자권이 무슨 소용이 있습니까? 이런 경우를 혹 떼러 갔다가 혹을 붙인 경우라고 할 수가 있겠지요. 더군다나 야곱은 한 번도 집을 떠난 적이 없던 사람이었습니다. 70 평생 그는 어머니 리브가와 함께 집안일을 돌보던 사람이었습니다. 형 에서와 같이 평생을 사냥을 하기 위해 산과 들을 누비며 몇 날 며칠을 노숙하던 그런 자가 아니었습니다. 당연히 그에게 있어 거의 900킬로가 넘는 도망 길은 고달프고 고달플 수밖에 없었을 것입니다. 그리고 이 당시 야곱의 상황은 형 에서의 추격을 피하기 위해 아주 급하게 도망갈 수밖에 없는 상황이었습니다. 보십시오. 야곱이 첫날밤을 노숙하게 된 곳이 벧엘입니다. 벧엘은 브엘세바에서 약 180리, 약 71킬로의 거리입니다. 아침 일찍 출발했다 하더라도 하루 만에 71킬로를 걷는다는 것은 쉽지가 않습니다. 더군다나 야곱이 걸었던 길은 산길입니다. 7부 능선 정도에 나 있는 족장로입니다. 돌 짝 길이고요, 말이나 낙타를 타고 갈 수 있는 길이 아닙니다. 그리고 한낮에는 거의 50도에 가까운 뜨거운 햇볕이 작열하는 곳입니다. 그 길을 하루 만에 71킬로를 걸어갔다는 것은 야곱이 얼마나 필사적으로 도망쳤는지를 알 수가 있게 하는 대목입니다.

이런 경우 야곱의 심령이 어떠했을까요? 극도로 지치고 좌절되어 있었을 것입니다. 솔직히 장자권이고 뭐고 생각할 여력도 없이 죽고 싶다는 말이 나왔을 법 합니다. 이런 좌절되고 지친 야곱의 모습을 단적으로 보여주는 모습이 바로 길거리에서 돌베개를 하고 자고 있는 야곱의 모습입니다. 28장 11절입니다.

> "한곳에 이르러는 해가 진지라 거기서 유숙하려고 그곳의 돌을 취하여 베개하고 거기 누워 자더니" (창28:11)

지친 몸을 쉬게 할 여관 하나 잡지 못했습니다. 그 당시 흔한 관습이었던 나그네를 대접하는 민가 하나 발견하지 못했습니다. 또 베개 대신 편안하게 베고 잘 괴나리봇짐 하나 없습니다. 그래서 그냥 길가 한쪽에서 딱딱한 돌을 베개하고 누운 것입니다. 이런 야곱의 모습을 보니 이런 찬송이 떠오르지 않습니까? "멀리 멀리 갔더니 처량하고 곤하며 슬프고도 외로워 정처 없이 다니니." (찬송 440장) 정말 야곱의 처지와 딱 맞는 찬송이지요. 야곱의 일생 중 처음 맞이하는 큰 좌절과 두려움, 외로움의 순간인 것입니다. 죽음을 생각할 수 있는 순간이지요. 그런데 기억하십시오. 바로 이 순간에 하나님이 찾아오셔서 야곱에게 야곱 평생에 추구해야 할 진정한 비전을 말씀해 주셨다는 사실입니다. 이것이 주는 통찰이 크지요. 하나님이 주시는 진정한 비전은 절망의 상황 속에서 발견될 때가 많다는 것입니다. 왜요? 하나님이 심술궂어서입니까? '그냥은 못 주겠다 좀 괴롭히고 주자.' 이런 식입니까? 아닙니다. 우리의 대적 사탄이 방해하기 때문입니다. 사탄은 압니다. 하나님이 지금 우리에게 진정한 비전을 주신다는 것을. 그렇기에 최대한 방해하려 한 것입니다. 절망과 좌절과 포기의 마음을 줍니다. 야곱에게는 절망의 맘을 주어서 포기하고 자게 한 것이지요. 만약 야곱이 하나님께 부르짖어 기도라도 하게 되면 큰일이 날 것이 분명하기 때문입니다. 그렇기에 "에이미 카미카엘"은 이런 유명한 이야기를 했습니다.

> "하나님께서 어떤 사람을 축복하시고자 할 때면 언제나 사탄의 강력한 종인 '절망의 악마'가 먼저 그 사람을 찾아와 그에게 온갖 종류의 비참하고 절망적인 생각들을 불어넣으려는 것을 분명히 알 수가 있다. 그러나 절망은 언제나 아래로부터 온다는 것을 명심해야 한다. 이에 반해 격려는 언제나 위로부터 온다."

그렇기에 절망 중에 좌절 중에 있는 사람은 그때가 바로 진정한 하나님의 비전을 들을 수 있는 기회임을 잊지 마십시오. 밤이 깊다는 것은 곧 새벽이 올 것이라는 징조이기 때문이지요. 그런데 참 은혜가 되는 것은 이런 사탄의 방해에도 불구하고 하나님은 꿈을 통해서라도 야곱에게 하나님의 비전을 알려주시고 계신다는 것입니다. 막을 수 없는 하나님의 사랑이 느껴지지 않습니까? 하나님은 결코 자신이 택한 사람에 대한 사랑과 인도의 손길을 놓지를 않으십니다. 그리고 결국 그 사랑을 완성하십니다.

이런 하나님의 사랑 때문에 지쳐서 잠을 자고 있는 야곱에게도 하나님은 포기하지 않고 꿈을 통해서라도 역사하셨습니다. 꿈속에서 야곱은 하나의 사닥다리가 하늘로 걸쳐져 있고 그 사닥다리 위를 천사들이 오르락내리락 하는 모습을 보게 됩니다. 그리고 그 사닥다리

위에서 하나님이 그에게 말씀하시는 소리를 듣게 됩니다. 요약하면 가나안 땅을 야곱의 자손에게 다 주겠다는 것입니다. 그리고 그 일을 다 이루기까지 야곱을 절대로 떠나시지 않겠다는 것입니다. 그럼 과연 이 야곱의 꿈을 통해 하나님이 주신 진정한 야곱의 비전은 무엇입니까? 이것을 알기 위해선 특별히 15절을 주목해 봐야 합니다. 다시 한번 15절을 봅시다.

> "내가 너와 함께 있어 네가 어디로 가든지 너를 지키며 너를 이끌어 이 땅으로 돌아오게 할지라. 내가 네게 허락한 것을 다 이루기까지 너를 떠나지 아니하리라 하신지라." (창28:15)

15절에서 두 군데를 주목하십시오. '다'라는 부사와 '하리라'라는 종결어미입니다. 먼저 '다'라는 이 말은 '하나도 빼놓지 않고 전부'라는 뜻을 가지고 있습니다. 즉 하나님께서 야곱에게 허락하신 것은 하나도 빼놓지 않고 전부 이루시겠다는 것입니다. 그렇기에 이 말은 하나님이 단지 야곱에게 장자의 권만을 주시는 것으로 만족하지 않겠다는 것입니다. 그와 함께 장자의 복을 누리는 자의 수준, 즉 아브라함과 이삭을 이어 이스라엘의 가계를 잇는 족장으로서 당당하게 만민에게 복을 전달해 주는 수준의 사람으로 야곱을 완성시키겠다는 의미입니다. 가지고 있다고 다 된 것이 아니지요. 누려야 진짜 내 것이 되는 것입니다. 야곱은 40년 전인 그의 나이 30살쯤에 이미 장자권을 가지고 있었습니다. 하지만 그 장자권을 사용하지도 누리지도 못했고 진정한 의미도 알지 못했습니다. 그런데 하나님은 지금 말씀하시고 계신 것입니다. 네게 준 장자권의 참의미를 알고 그것을 누리는 존재로 내가 만들어 주겠다는 것입니다. 그리고 그 일에 필요하다면 네가 너의 일거수일투족을 지키고 인도하면서 이루어내겠다는 것입니다. 이런 하나님의 결연한 의지가 나타난 것이 바로 '하리라'는 종결어미입니다. 히브리어에서 이 말은 '주어의 심적인 강한 의지'를 나타내는 말이기 때문이지요!

바로 이것이 하나님이 야곱에게 주신 진정한 비전이었습니다. 단지 아버지 이삭의 뒤를 이어 가족의 족장이 되는 것이 아니었습니다. 족장으로서 가족들의 생살여탈권을 쥐고, 모든 재산을 상속받아 위세를 부리며 떵떵거리며 사는 것이 아니었습니다. 대신 하나님이 장자권을 통해 주신 야곱의 비전은 아브라함에게 약속하신 것처럼 열국의 아비, 열국을 하나님의 이름으로 축복할 수 있는 복의 통로가 되는 것! 단지 이삭 가족의 장자가 아니라 열국의 장자가 되는 이스라엘을 이루는 것! 바로 이것이 하나님이 야곱에게 주신 진정한 비전이었습니다.

그런데 보십시오. 야곱! 그는 하나님의 이 원대한 비전 앞에 무엇이라고 서원을 합니까? 20절에서 22절을 보십시오.

"야곱이 서원하여 가로되 하나님이 나와 함께 계시사 내가 가는 이 길에서 나를 지키시고 먹을 양식과 입을 옷을 주사 나로 평안히 아비 집으로 돌아가게 하시오면 여호와께서 나의 하나님이 되실 것이요 내가 기둥으로 세운 이 돌이 하나님의 전이 될 것이요 하나님께서 내게 주신 모든 것에서 십분 일을 내가 반드시 하나님께 드리겠나이다 하였더라" (창28:20-22)

기껏 야곱이 하는 서원기도란, 먹을 것, 입을 것, 장자의 권을 행할 수 있게 집에 돌아오는 것입니다. 하나님은 그를 열방의 축복자로, 그의 자손을 열방의 장자로 세우실 장자권을 허락하셨는데 그는 기껏 '먹을 것 주세요, 입을 것 주세요, 우리 아버지 집에서 장자권을 행사하게 집에 돌아가게 해 주세요' 이런 서원기도를 하고 있는 것입니다. 얼마나 유치하고 격이 떨어집니까? 그리고 얼마나 철저하게 자기중심적입니까? 보십시오. 이 짧은 구절에 "나"라는 단어가 몇 번이나 쓰이었는지를. 무려 8번입니다. 바로 이것이 우리 인간의 모습입니다. 하나님의 거룩하고 원대한 비전을 가졌음에도 그것을 철저하게 자신의 야망이나 사리사욕을 채우는 것으로 타락시키는 모습이 우리의 모습이지요.

이것이 우리에게 주는 통찰이 큽니다. 타락한 인간들은 하나님이 주신 비전을 지극히 개인적인 것으로 제한하고 개인적인 야망으로 타락시키는 경향이 있습니다. 한 예를 들면 모든 열방이 구원을 얻게 하는 것은 하나님의 비전입니다. 이의가 있을 수 없습니다. 그런데 그 비전을 자신의 교회의 교인 숫자 늘리는 자신의 야망으로 전락시킬 수 있다는 것입니다. 하지만 하나님은 반대이십니다. 하나님은 우리 안에 있는 야망을 하나님의 크고 넓고 온전한 비전으로 성장시키시고 성숙시키시고 확대시키십니다. 그 과정에서 소위 내 자아와 하나님의 뜻과 부딪칩니다. 치열한 전투가 벌어지지요. 우리는 내 야망으로 자꾸만 타락시키려 하고 하나님은 자꾸 하나님의 거룩한 비전으로 승화시키려 하고요. 결국 누가 이길까요? 하나님이 이기십니다. 말해 무엇 합니까? 누가 있어 하나님의 의지를 꺾을 수 있겠습니까? 그리고 이런 싸움의 과정에서 자꾸 불순종하게 되면 우리의 인생이 꼬이게 되는 것입니다.

그런데 이런 모습이 여러분에게는 없습니까? 하나님이 꿈꾸시는 원대한 가정의 비전을 내 행복을 위한 가정이라는 야망으로 타락시키고 있지는 않습니까? 직장의 복음화라는 원대한 하나님의 비전을 내 호구지책을 위한 직장으로 전락시키고 있지는 않습니까? 학교에서 친구관계에서 교회에서 사회에서 우리가 이런 어리석음을 범하고

있지는 않습니까? 이런 경우 하나님은 그냥 있지를 않습니다. 하나
님께서 인생 채찍을 드십니다. 험악한 인생을 살게 하시지요. 그래서
결국 바로잡으십니다. 욥기 7장 17-18절을 보십시오.

> "사람이 무엇이관데 주께서 크게 여기사 그에게 마음을 두시고 아
> 침마다 권징하시며 분초마다 시험하시나이까." (욥7:17-18)

하나님의 열심입니다. 아침마다 권징하시고 분초마다 우리의 마음
을 시험하시는 하나님! 결국 우리의 비전을 바로잡으십니다.

4. 야곱의 비전이 변질된 이유

우리는 야곱의 인생이 심하게 꼬이게 된 이유를 알았습니다. 야곱
이 하나님이 주신 비전을 오해하고 왜곡했기 때문이었습니다. 그는
그것을 야망으로 사리사욕을 채우는 꿈으로 변질시켜 버린 것이지
요? 여기서 궁금증이 생깁니다. '그럼 왜 야곱은 하나님의 비전을
야망으로 전락시키게 되었는가?' 그 이유가 궁금합니다. 우리는 그
이유를 4가지 정도로 살필 수가 있습니다.

1) 성급하고 조급하다

무엇보다도 먼저 살필 수 있는 것은 야곱이 성급하고 조급했다는

것입니다. 그는 분명히 하나님이 자신에게 장자권을 약속하신 것을 알았고 믿었습니다. 어머니 리브가가 이야기해 주었기 때문입니다. 그렇다면 야곱은 상황이 어찌 되건 상관없이 하나님이 행하심을 기다려야 했습니다. 그런데 나이 30이 되어 가도 상황이 변하는 것은 하나도 없습니다. 오히려 절대적인 권력을 가진 아버지 이삭은 형 에서만을 편애합니다. 그리고 에서를 장자로 공인하려는 분위기가 팽배합니다. 이때 야곱은 더 이상 하나님만을 바라고 기다릴 수 없다고 판단합니다. 자신이 직접 하나님의 뜻을 이루어야 할 것이라고 생각합니다. 모로 가도 서울만 가면 그만이라고 생각한 것이지요. 그리고 행한 것이 바로 팥죽으로 장자권을 산 것입니다. 성급한 모습입니다.

그리고 이런 성급함은 반드시 하나님의 비전을 왜곡하고 타락시킵니다. 왜요? 하나님의 비전이 움직여지기 위해선 반드시 예열하는 기간이 필요하기 때문입니다. 요즘 무척 날씨가 추웠습니다. 이런 날씨에는 자동차 시동을 켜고 출발하는 데 조금의 시간적 여유를 주어야 합니다. 왜냐하면 밤새 얼어있던 엔진을 바로 가동하면 엔진에 무리가 가기 때문이지요. 그런데 며칠 전에 출근시간에 늦게 나오는 바람에 바로 시동을 켜고 액셀을 밟았습니다. 그랬더니 차가 조금 가다가 시동이 꺼지는 것이었습니다. 차에 무리가 간 것이지요. 언 것이 풀리지 않은 것이었습니다. 마찬가지로 하나님의 비전도 움직이기 위해서는 출발선에서 엔진을 가열시키는 시간이 필요합니다. 이 시간은 결코 낭비의 시간이 아닙니다. 오히려 이 시간들을 통해 우리는 우리에게 주신 비전이 단지 우리의 좋은 생각인지 아니면 우리의 모든 삶을 던져 이루어 낼 만한 진짜 비전인지를 구분할 수가 있게 됩니다. 그런데 이런 예열의 시간이 없이 자신 안에 드는 좋은 생각을 비전이라고 착각하고 덤벼드는 사람들이 있습니다. 이런 사람들은 꼭 얼마

못 가서 포기하고 맙니다. 예열이 충분히 안 된 자동차처럼 말이지요. 저는 이런 사람을 많이 보았습니다. 하나님이 자신을 주의 종으로 부르셨다는 것입니다. 그래서 신학교에 가야 하겠다는 것입니다. 학교 당장 때려 치고 신학교 시험을 보겠다는 것입니다. 이럴 때 꼭 해 주는 말이 있습니다. '학교 졸업은 하십시오. 그리고 그때 가서 신학교를 가도 늦지 않습니다.' 이렇게 말하면 본인 입장에서는 김이 새는 기분이 들지요. 격려해 주고 기도해 주길 바랐는데 그렇지 않으니까 말입니다. 하지만 이렇게 순간 팔팔 끓었던 분들 중 끝까지 그 비전을 유지하고 있는 분은 거의 보지를 못했습니다. 몇 달 뒤에 보면 그런 소명을 언제 받았는가 싶게 막 사는 것을 보게 됩니다. 왜 이런 일이 생깁니까? 그분의 마음에 들었던 것은 비전이 아니라 좋은 생각이었기 때문입니다. 그리고 좋은 생각은 상황이나 감정이 바뀌면 바뀔 수 있습니다. 그렇기에 예열하면서 보는 시간이 필요한 것입니다.

그리고 아무리 하나님이 주신 비전이라 하더라도 하나님의 때가 아니면 결코 성취될 수 없습니다. 그렇기에 기다려야 합니다. 어떤 농부가 사과나무를 심고 사과가 이제 막 열리기 시작한 것을 보자마자 따려고 하겠습니까? 이런 농부는 없습니다. 느긋하게 기다리지요. 성장하고 성숙할 때까지. 거름 주고 약 쳐 주고 가지 쳐 주면서 기다립니다. 바로 비전에도 이런 타이밍이 중요하다는 것입니다. 모세를 보십시오. 이스라엘을 구원할 비전! 그것은 분명 하나님이 주신 진짜 비전이었습니다. 하지만 40세 때의 모세는 그 비전을 이루는 데 실패했습니다. 여러 가지 이유를 들 수 있지만 가장 근본적인 이유는 때가 아니었기 때문이지요. 모세에게는 아직 미디안 광야 40년 동안의 훈련의 기간이 필요했던 것이었습니다. 하나님의 비전을 성숙시키는 기간으로 말입니다. 그래서 누군가 그러더군요. "성숙하지 못한 비전은 취약하다. 이런 비전은 거의 실현되지 못한다." 그렇기

에 사랑하는 청년 여러분! 인내하십시오. 성급한 생각들을 떨쳐 내
십시오. 성급한 생각들은 결국 우리로 비전을 타락하게 만들기 때문
입니다.

또한 조급한 행동도 비전을 타락시킵니다. 성급한 생각과 행동은
천성적인 기질일 수 있지만 보통 조급한 행동은 선천적이기보다는
상황이 자신의 뜻과 계획대로 진행되지 않을 때 주로 나타납니다.
야곱을 보십시오. 어머니 리브가의 말에 의하면 아버지가 형 에서에
게 장자의 축복을 해 준다는 것입니다. 그리고 형 에서는 아버지가
먹을 별미를 위해 사냥터로 나갔다는 것입니다. 지금 상황이 자신이
원치 않던 방향으로 급박하게 돌아가고 있는 것입니다. 장자권을 산
지 40년이 지나도록 그나마 야곱이 참고 있을 수 있던 것은 아직
무언가를 결단하게 할 만한 조짐이나 행동이 보이지 않았기 때문이
었습니다. 그런데 아버지 이삭이 자신의 뜻과 계획과 상관없는 방향
으로 행동을 합니다. 당연히 조급해진 것입니다. 그리고 조급한 마음
에 그는 아버지를 속이는 행동을 합니다. 비전의 타락입니다.

이것을 경계하십시오. 조급함은 항상 타락과 연결됩니다. 사울 왕!
그의 첫 번째 타락도 이런 조급함과 연결되어 있지 않습니까? 블레
셋과의 전투는 임박했고 백성들은 무서워 하나둘씩 도망가는데 일주
일 뒤에 오겠다던 사무엘 선지자는 안 옵니다. 그때 사울 왕은 조급
한 마음이 들었지요. 그리고 왕이 드려서는 안 되는 제사를 드려 버
립니다. 조급함이 이스라엘 왕에 대해 가지고 계셨던 하나님의 비전
을 변질, 타락시키고 있는 것입니다. 교회 자매들의 경우 20대 초반
에는 '믿음 좋고 능력 좋고 인물도 좋고 성격도 좋고 집안도 좋은
형제와 결혼하겠다.'고 생각합니다. 콧대가 하늘을 찌르지요. 그러다
가 20대 중반이 되면 현실을 이해하지요. '믿음 좋고 능력 좋고 인

물은 안 보고 키만 크면 나머진 다 용서가 된다.' 정도로 후퇴합니다. 그런데 이제 20대 후반이 되면 지극히 후퇴하지요. '교회 다니고 먹고 살 수 있을 정도만 되면 나머진 용서가 된다.'로 바뀝니다. 그럼 30대가 되면요? '부모님이 교회 다니거나 교회 다닌 적이 있거나 다닐 맘이 있으면 되고 직장만 튼튼하면 나머진 생각해 보겠다.'로 바뀝니다. 그러다가 30대 초중반이 되면 어찌 되는지 아십니까? '나 좋다는 남자면 된다.'로 바뀝니다. 왜 이렇게 됩니까? 조급하기 때문입니다. 주변에서 엄청난 압력이 들어오거든요. 그런 압력 속에서 설움을 받으며 사느니 나 좋다는 남자만 있으면 결혼하겠다는 것입니다. 그런데 아십니까? 결혼이 중요한 것이 아니라 결혼생활이 중요하다는 것을. 결혼생활은 아무나 하고 할 수 있는 것도, 해서도 안 되는 것입니다. 분명히 말씀드립니다. 결혼은 양이 아니라 질입니다. 일년을 살아도 제대로 살아야 하는 것입니다. 30년을 지지리 궁상으로 사는 것보다 그것이 낫습니다. 이런 조급함으로 결혼한 사람에게 가정의 비전을 이야기해 봐야 소귀에 경 읽기일 뿐입니다. 그렇기에 하나님의 비전을 위해 성급함과 조급함은 버려야 합니다.

2) 비전을 이루는 과정에 거룩함이 결여되어 있다

두 번째로 야곱이 비전을 이루는 과정에는 거룩함이 빠져 있었다는 것입니다. 그는 자신의 비전을 이루기 위해 형을 속이고 아버지를 속입니다. 야곱은 이렇게 생각할 수도 있었겠지요. '어차피 장자권은 내 것이 아닌가? 내 것을 내가 가져가는데 방법에 조금의 속임수가 들어갔다 하더라도 그것이 큰 문제가 될 수 있는가?' 그리고 또 그는 이렇게 생각할 수가 있었을 것입니다. '아버지가 잘못한 거야. 하나님이 분명히 내게 장자권을 주셨는데 아버지는 왜 에서에게 장자권을 주려 하는 거지? 아버지가 내게 속임수를 당한 것은 아버지가 영적으로 무감각해졌기에 스스로 자초한 것이지 내 탓이 아니야.' 그리고 사실 이런 야곱의 생각은 비전을 타락시키는 많은 신앙인에게서 공통적으로 나타나는 핑계이자 변명입니다. 그들도 야곱처럼 말하지요? '결과만 좋으면 되잖아?' '내가 이렇게 할 수밖에 없는 것은 세상 탓이지 내 탓이 아니야.' 이렇게 변명을 하면서 돈의 노예가 되어 갑니다. 나중에 돈 많이 벌어서 그 돈으로 멋지게 하나님의 사업을 하면 된다고 자위하면서 말이지요. 그리고 돈을 중시할 수밖에 없는 것도 교회도 부한 자만 대우해 준다는 나름대로의 변명을 댑니다. '돈이 없어 봐! 교회에서도 대접 못 받지?' 이것은 다 핑계입니다. 확신 있게 말씀드립니다. "도덕적인 권위를 포기해야 한다면 비전을 포기하십시오." 무슨 말입니까? 우리가 추구하는 모든 비전에는 반드시 거룩함이 잠재되어 있어야 한다는 것입니다.

도산 안창호 선생님을 아시지요? 그는 평생을 정직과 성실을 말과 행동으로 실천하며 사신 분이십니다. 안창호 선생님의 일화가 있지요. 미국으로 독립자금을 구하기 위해 가실 때였습니다. 이곳저곳 순회강연을 다니시면서 모금운동을 하셔야 하니 여행경비가 만만치 않았지요. 결국 얼마 못 가 경비 문제가 생겼습니다. 이때 같이 수행하던 분들이 한 가지 묘안을 생각해 냈지요. 미국에서는 그 당시 목회자면 교통수단의 50%가 할인이 되었답니다. 이것을 안 어떤 분이 목사 신분확인서를 구해 온 것입니다. 그때 안창호 선생님이 단호하게 거절하셨답니다. '내가 거짓말을 하면 내가 한 것이 아니요 대한민국이 한 것이 되는데 그럴 수 없소. 차라리 여행경비가 마련되면 그때 떠납시다.' 무임승차하자는 것도 아니고 사람들이 딱하니까 만들어 준 것인데, 더군다나 사적인 일도 아니고 나라의 독립을 위한 자금 모금이라는 중차대한 일을 맡아 수행하는 일이고 한시가 급한 일인데, 그냥 모른 척 하고 타도 될 법 하지 않습니까? 그런데 안창호 선생님은 분명하게 아신 것입니다. 거룩한 비전에는 반드시 거룩한 행실이 따라야 함을. 평소에 안창호 선생님이 하신 유명한 말이 있지요.

"농담으로라도 거짓말을 하지 말라. 꿈속에서라도 성실을 잃었거든 뼈저리게 뉘우치라. 죽더라도 거짓이 있어서는 안 된다." ﹣도산 안창호

우리는 어떻습니까? 하나님의 비전을 이룬답시고 얼마나 많은 부정직함과 요행을 행해 왔습니까? 이것이 바로 하나님의 비전을 타락시키는 두 번째 모습입니다.

3) '어떻게'에만 집착한다

세 번째로 야곱은 비전을 이루기 위해 '어떻게'에만 집착하는 모습을 보여줍니다. 그는 어떻게 하면 장자권을 얻을 수 있을까? 어떻게 하면 축복권을 얻을 수 있을까? 어떻게 하면 부자가 될 수 있을까? 어떻게 하면 안전하게 집으로 돌아갈 수 있을까? 그의 거의 모든 평생을 '어떻게'에만 집착하며 산 것을 보게 됩니다. 그 '어떻게'를 해결하기 위해 그는 정말 험악한 세월을 보냈지요. 하지만 그가 진정 집착하고 물어야 했던 것은 '무엇'이었습니다. '하나님이 주신 비전이 무엇인가?' '그 비전의 의미가 무엇인가?' '내가 어떻게를 해야 하는 이유가 무엇인가?' 이것들이 진정 그가 고민했어야 했던 것이지요. 왜요? '어떻게'는 하나님의 전공이시기 때문입니다. 기억하십시오. '어떻게'는 우리가 신경 쓸 일이 아닙니다. 신경 쓴다고 할 수 있는 일도 아니고요. 대신 우리는 무엇에 신경을 써야 합니다. 그

럼 하나님은 '어떻게'를 다 해결해 주시는 것입니다. 하나님이 생각하시는 최선의 방법으로 말입니다.

그런데 사람들은 자꾸만 '어떻게'에 집착합니다. 왜일까요? 혹시나 자신이 원하지 않는 방법으로 하나님이 자신의 비전을 이끌어 가시면 어쩌지 하는 두려움 때문입니다. 알지요? 하나님이 이끄시는 결국은 비전의 성취요 완성이라는 것을. 하나님의 비전을 꿈꾸고 있을 정도의 신앙인이면 이 정도는 다 압니다. 하지만 그 과정도 내가 원하는 방법대로였으면 좋겠다는 것입니다. 그 과정이 힘들고 어렵고 지난한 것은 싫다는 것이지요. 그렇기에 자꾸만 '어떻게'에 관심을 집중합니다. 그리고 하나님께 말하지요. '하나님! 그냥 하나님은 내가 세운 계획만 결재해 주세요.' 그리고 자신이 생각하기에 지름길이라고 생각하는 계획을 세우고 하나님께 결재해 달라고 간구합니다. 하나님이 결재해 주시겠습니까? 아니요! 해 주면 멸망 길로 들어서는 것인데 하나님이 해주실 리 없습니다. 그렇기에 잠언은 말씀하지요. "어떤 길은 사람의 보기에는 옳으나 필경은 사망의 길이다." 사람들이 지름길이라고 생각하는 것, 사람들이 넓은 길이라고 생각하는 것, 자고로 그 길은 사망의 길입니다. 거의 100% 그렇다고 봐도 무방합니다.

미국 카네기 연구소 소장인 데일 카네기도 재미있는 연구보고서를 낸 적이 있습니다. 인생을 실패한 사람들의 특성을 연구한 것이지요. 그리고 그 실패의 이유를 10가지 정도로 분석해 보았습니다. 그런데 그중 5번째가 무엇인지 아십니까? 바로 '지름길을 선택한 것'이었습니다. 세상의 지혜도 이것은 압니다. 지름길이란 없다는 것을. 그런데 자꾸 사람들은 하나님이 주신 비전을 이루려 하면서도 지름길을 찾고 편한 길을 찾고 쉬운 길을 찾습니다. 그러다 보니 타락하는 것입니다. 저도 지금 심각한 영적인 위기감에 사로잡혀 있습니다. 저도 어느새 하나님의 비전을 지름길, 편한 길, 쉬운 길에서 찾으려 하고 있음을 보기 때문입니다.

이것을 아시는 하나님! 결코 이 길로 우리를 이끌지 않으십니다. 그리고 하나님은 말씀하십니다. " '어떻게'는 내가 알아서 할 테니 너는 무엇만 고민하고 주어진 환경에서 최선을 다하라." 이것이 중요합니다. 우리는 그냥 주어진 환경에서 '내가 주신 비전의 의미가 무엇입니까?' '내가 주신 이 환경이 내 비전과 무슨 연관이 있을까요?' '내게 주신 비전을 위해 무엇을 해야 합니까' '내가 하는 이 행동이 무슨 의미를 가지고 있는 행동입니까?'에 주력해야 합니다. 그리고 하나님이 어떻게 이끄시든지 인내하며 감사하며 성실히 임해야 합니다. 그러다 보면 깨닫게 되는 것이 있습니다. 바로 하나님의 놀라운 섭리입니다. 일본의 여류작가인 미우라 아야코가 쓴 기도문이 있지요?

> 병들지 않고서는 드리지 못할 기도가 따로 있습니다.
> 병들지 않고서는 믿을 수 없는 기적이 따로 있습니다.
> 병들지 않고서는 들을 수 없는 말씀이 따로 있습니다.
> 병들지 않고서는 가까이 갈 수 없는 성소가 따로 있습니다.
> 병들지 않고서는 우러러볼 수 없는 얼굴이 따로 있습니다.
> 오, 병들지 않고서는 나는 인간이 될 수조차도 없습니다.

깊이 묵상할 기도문이 아닐 수 없지요. 이런 기도문은 '어떻게'에 집착하는 사람은 결코 이를 수 없는 신앙의 경지입니다. 그렇기에 이제 어떻게는 하나님께 맡깁시다. 죽이시든지 살리시든지 그것은 하나님이 알아서 하시라고 하고 우리는 무엇에 집중합시다. 내 비전의 의미가 무엇인가, 그것을 위해 무엇을 할까, 내 행동은 무슨 의미가 있는가에 집중하시기 바랍니다.

4) 하나님의 큰 비전과 연결되어 있지 않다

마지막으로 보게 되는 하나님의 비전을 타락시킨 야곱의 모습은 장자권이라는 비전을 하나님의 큰 비전과 연결시키지 못하고 있다는 것입니다. 야곱은 하나님이 주신 장자권을 단지 자신의 가족 내에서 얻고 누리는 족장의 권리쯤으로만 생각하고 말았습니다. 하지만 조금 전에 보았듯이 하나님이 주신 장자권의 의미는 가족을 넘어 열방의 제사장으로 축복의 통로로 이스라엘의 조상으로 서는 축복권이었습니다. 이를 통해 열방을 하나님께로 돌아오게 하려는 하나님의 원대한 비전과 연결된 비전이지요. 하지만 야곱은 이를 몰랐고 자신만의 복으로 이해하고 사용하고 전유하려고만 했습니다. 이것이 바로 가장 큰 야곱의 비전이 타락한 원인인 것입니다. 이것을 기억하십시오. 비전은 하나님의 것입니다. 따라서 우리의 비전도 하나님의 비전의 산물입니다. 우리가 무엇을 할 수 있고 해야 하는 것은 하나님이 정하시는 것이지 우리가 정하는 것이 아닙니다.

그렇기에 우리의 비전은 당연하게 하나님의 마스터플랜과 연결되어 있어야만 합니다. 매스게임을 아시지요? 잊을 수 없는 매스게임으로 2002 월드컵의 "꿈은 이루어진다." "Again 1966" 정말 감동적인 매스게임이었습니다. 그런데 매스게임의 법칙을 성공하기 위한 법칙을 아시지요? 총디렉터의 지시를 받아 그 지시대로만 움직이는 것입니다. 검은 종이를 들라면 들고 흰 종이를 들라면 들고 붉은 종이를 들라면 드는 것입니다. 자신은 지금 자신이 왜 검은 종이를 들어야 하는지 알지 못합니다. 그냥 총지휘자가 들라니까 드는 것입니다. 하지만 그 결국은 어떻습니까? 하나의 통일된 멋진 모양이 완성되지 않습니까? 비전도 이와 같습니다. 내가 지금 이루고 있는 비전은 나만의 비전이 되어서는 안 됩니다. 그것은 하나님 나라를 이루는 전체적인 그림의 일부분이 되어야만 합니다. 비록 지금은 내 비전이 하나님 나라의 어떤 부분에 쓰일지 잘 모릅니다. 하지만 분명한 것은 나중에는 알게 될 것이라는 겁니다. 그런데 지금 안 보이고 모른다고 내 멋대로 내가 들고 싶은 것을 들면 어떻게 됩니까? 매스게임이 망쳐지는 것입니다. 바로 하나님이 주신 비전을 자기의 비전으로만 해석해서 제멋대로 삼아버리는 사람이 이와 같습니다. 그렇기에 이것은 타락한 비전인 것입니다. 이제 자신의 비전을 점검해 보십시오. '과연 나는 하나님이 주신 비전을 가지고 있는가?' '내 비전은 하나님의 큰 비전과 연결되어 있는가?'

　지금까지 우리는 야곱의 비전에 대해 살펴보았습니다. 비전은 야곱의 삶을 움직이게 하는 가장 강한 힘이었습니다. 그리고 야곱의 험악한 세월도 사실 이 비전 때문에 시작되었지요. 비전의 사람 야곱인 것입니다. 하지만 야곱의 비전은 왜곡되고 타락되었습니다. 왜요? 하나님이 주신 비전의 진정한 의미를 몰랐기 때문입니다. 그 비전을 단지 개인적인 야망을 위한 도구로만 이해했기 때문입니다. 이런 야곱의 잘못된 비전 이해를 하나님은 그냥 두지 않으셨습니다. 인생채찍으로 치셨습니다. 험악한 세월의 시작인 것입니다. 하지만 하나님은 분명하게 말씀하셨습니다. "내가 이것을 다 이루기까지 절대 너를 떠나지 않겠다." 막지 못할 하나님의 사랑의 표현이십니다. 결국 하나님은 그것을 이루셨지요. 이제 우리를 돌아봅시다. 우리 안에 있는 잘못된 야곱의 비전은 없는지를. 혹시 우리도 성급하고 조급하지 않습니까? 혹시 우리도 거룩함이 결여되어 있지는 않습니까?

혹시 우리도 어떻게에만 집착하고 있지는 않습니까? 혹시 우리도 하나님의 마스터플랜과 동떨어져 있지는 않습니까? 야곱의 말씀을 통해 우리의 비전이 올바르고 정결해지고 견고해지고 성숙해지는 은혜가 있기를 바랍니다.

제 3 장

야곱의 역량 (창 25:27-28)

1. 21세기 생존 코드, 핵심 역량

직장생활을 하는 분들은 아마 뼛속 깊이 느끼겠지만 작금의 세계는 전쟁을 방불케 할 만큼 치열한 경제 전쟁을 치르고 있습니다. 총과 포만 없다 뿐이지 치열하기는 더한 것이 작금의 경제 전쟁이지요. 그렇기에 이 전쟁에는 그 누구도 승리를 장담할 수 없는 형편입니다. 아무리 글로벌 대기업이라 하더라도 순간 실수해 버리면 바로 급전직하, 기업의 생존자체를 보장받을 수 없게 되어 버립니다. 우리는 그 예를 미국의 빅 3 자동차 회사에서 볼 수가 있지 않습니까? 한때는 깨지지 않을 것 같던 아성을 구축했던 미국의 빅 3 자동차 회사들이 이제는 어떻게 되었습니까? 얼마 전에 경제란을 보니까 빅 3 중의 하나인 제너럴모터스(GM)는 2005년 11월 3만 명의 인력 감축과 9개 공장 폐쇄 계획을 발표한 데 이어 23일에는 또 다른 빅 3 중의 하나인 포드가 2만 5천~3만 명의 인력 감축과 함께 2012년까지 14개의 북미 공장을 폐쇄하겠다고 밝혔더군요. 왜 이들이 이런 뼈아픈 구조조정을 감행합니까? 왜냐하면 미국 내 빅 3 가운데 오직 크라이슬러그룹의 다임러크라이슬러 AG만이 지난해 미국 내 시장점유율이 상승했을 뿐 GM과 포드는 각각 4% 이상 점유율이 하락했기 때문입니다. 그리고 이런 하락이 계속 지속되고 있다는 것입니다. 이런 빅 3의 고전은 상대적으로 아시아 자동차 메이커들의 약진에 기인하는 것도 그 중요한 원인을 들 수 있습니다. 하지만 엄밀히 따지면 그 근본원인은 자중지란에 빠졌다는 것입니다. 끝없는 노사분

규와 고비용이 스스로의 경쟁력을 약화시켰고 안일한 회사운영이 끊임없이 스스로를 개혁하며 발전시켜 온 아시아의 경쟁 자동차 회사들에게 뒤지게 만들었다는 것입니다. 자만하고 자기 혁신이 늦으면 어떤 대기업도 생존을 보장받을 수 없는 현실이라는 것이지요.

세계는 지금 치열한 생존전쟁을 치르고 있습니다. 얼마 전 한국의 대표적인 우량기업인 현대자동차가 '상시 비상경영체제'에 돌입했다는 기사를 읽을 수 있었습니다. 이유인즉 도요타나 혼다 등 세계시장에서 선두권을 달리는 일본 업체들과 경쟁해야 하는 상황에서 환율과 유가 등 대내외 경영환경이 너무 불안정하다는 것입니다. 그래서 불안정한 대내외 경영환경에 신속하게 대응하기 위해 '상시 비상경영체제'라는 극단의 조치를 취할 수밖에 없다는 것이지요. 그런데 이런 '위기경영'을 외치고 있는 곳은 단지 현대만이 아닙니다. 삼성도 올해의 경영 화두를 '위기경영을 통한 세계 초일류기업'으로 정했고요, 엘지전자도 '위기극복'과 '실행력 강화'를 올해의 경영전략으로 삼았다고 합니다. 포스코도 비슷하고요. 그런데 이렇게 위기경영을 외치는 기업들의 특징이 무엇인지 아십니까? 작년 순익 1조 원들을 넘긴 잘 나가는 회사들이라는 것입니다. 이상하지요. 왜 이들이 가장 잘 나갈 때에 '위기경영'을 외칠까요? 그만큼 경제 전쟁이 치열하다는 것입니다. 실제로 위기가 닥쳤을 때 대처하려고 하다가는 늦는다는 것이지요. 살아남기 위한 기업들의 치열한 생존 전쟁이 감탄스럽기까지 합니다. 저는 이런 기업들의 치열한 생존 전쟁을 보면서 우리 신앙인들도 배울 것이 있다는 생각을 합니다. 우리는 과연 '하나님의 나라의 확장'이라는 하나님의 비전을 이루기 위해 얼마나 치열하게 살고 있는가 하는 것이었습니다. 끊임없는 자기 성찰과 계발 그리고 시장의 변화와 고객의 심리를 분석하고 연구하는 그들의 모습과 그냥 너무나 안일하게 하나님 나라가 왔으면 좋겠다고 바라고만 있는 우리와 비교가 되기 때문입니다.

 이런 기업 생존을 위한 위기 경영 속에서 기업들이 전력을 다해 강화하고 있는 것이 있습니다. 그것은 바로 '핵심 역량'의 강화입니다. 처음 들어 보시는 분들을 위해 잠깐 설명을 드리자면 핵심 역량이란 '타사가 모방할 수 없는 가치를 고객에게 제공할 수 있는 기업 내부의 독창적인 능력과 기술의 집합체'라고 요약할 수 있습니다. 이것만큼은 다른 어떤 기업이 흉내낼 수 없는, 우리가 세계 최고라고 인정받을 수 있는 능력과 기술이 있어야 한다는 것입니다. 이를 위해 기업들은 '핵심 인재'를 영입하고 유지하기 위해 전쟁을 방불케 하는 일들을 벌입니다. 신입, 경력 직원은 물론이고 해외 석·박사 등 고급인력 유치에 기업의 역량을 집중하고 있지요. 핵심인력 확보 및 양성을 통해 핵심역량을 강화하고 회사의 지속적인 경쟁우위를 확보해 나가기 위함입니다. 설문조사를 보니까 기업들의 73.3%가 핵심인재가 부족하다고 절실하게 느끼고 있다고 합니다. 이것이 의미하는 바가 무엇입니까? 청년실업 100만 명 시대니 뭐니 하지 말라는 것입니다. 내가 백수로 사는 것은 경제가 나빠서도 세상이 나를 알아주지 않아서도 아닙니다. 내가 핵심 인재가 못 되기 때문입니다. 여러분이 핵심 인재만 되면 여기저기서 여러분을 모셔가려고 줄을 서는 시대가 바로 오늘날 여러분이 서 있는 대한민국입니다. 삼성의 경우도 올해에는 글로벌 인재를 50%까지 확대한다고 하더군요. 인종, 나라에 상관없이 핵심 인재의 요건만 갖추면 언제든지 어디에서나 얼마의 대가를 지불하든지 상관없이 삼성 사람으로 만들겠다는 것입니다. '핵심 인재'에 대해 얼마나 큰 비중을 두고 있는지를 알게 하는 대목입니다. 이와 관련해서 제게 많은 생각을 하게 한 삼성 이건희 회장의 경영철학이 하나 있습니다.

"뛸 사람은 뛰라. 걸을 사람은 걸으라. 뛸 능력이 없는 사람, 걸을 능력이 없는 사람은 그대로 앉아서 쉬어도 좋다. 다만 뛰려는 사람, 걸으려는 사람, 뒷다리 잡아 당기지 말라. 그래야 내가 가만히 있어도 뛰는 사람, 걷는 사람 덕에 발전해서 먹고 산다."

이 말의 의미가 무엇인지 아십니까? 핵심 인재(핵심 기업)들이 평범한 너희들을 먹여 살릴 때니 괜히 방해하지 말고 평범한 너희들은 굿이나 보고 떡이나 먹으라는 것입니다. 무서운 말입니다. 이제 21세기는 핵심 인재가 아니면 쓸모가 없는 시대가 되었다는 것이지요. 핵심 인재 몇 명, 핵심 기업 몇 개가 수많은 평범한 사람들을 먹여 살리는 시대가 도래했다는 것입니다. 그렇기에 사실 우리가 사는 21세기의 생존 코드는 '핵심 역량'이고 '핵심 인재'입니다. 핵심 역량에 보탬이 되는 핵심 인재는 치열한 경쟁 사회에서 살아남을 것이요, 그렇지 못한 사람은 굿이나 보고 떡이나 먹는 처지에 빠질 것이기 때문입니다. 좀 살벌하지요. 하지만 기억하십시오. 여러분은 청년입니다. 아직 백지와 같은 미래를 가진 분들입니다. 여러분이 지금 어떤 자세와 마음으로 삶을 대하는가에 따라 여러분의 10년은 어마어마하게 달라질 수 있는 사람들입니다. 저는 10년 뒤의 여러분들이 다 이 세상에서 핵심 인재로 인정되길 원합니다. 왜요? 여러분이 살아가야 하는 세상이 바로 여러분이 복음의 은혜를 증거해야 하는 여러분의 선교의 터전이기 때문입니다. 복음을 증거해야 하는 증인들이 자신의 선교의 터전에서 있으나마나한 사람이 되어서야 되겠습니까? 꼭 필요한 사람이 되어야지요. 그렇기에 저는 여러분이 핵심 인재가 되기를 바랍니다. 어떤 분야든 상관없습니다. 여러분이 할 수 있는 부분에서 가정이든 직장이든 학교든 어떤 인간관계든 어떤 분야든 그 분야에서 핵심 인재가 되시기를 바랍니다.

여기서 오해하지 마시기 바랍니다. '그럼 하나님은 핵심 인재만 쓰십니까?' 그렇지는 않습니다. 하나님은 누구나 다 쓰십니다. 베드로와 같은 무지렁이, 일자무식도 쓰시고요, 바울과 같은 당대 최고의 핵심 인재도 쓰십니다. 하나님의 나라에서는 누구나 다 하나님의 귀한 일꾼이 될 수 있습니다. 단 그 심령이 깨어져 있기만 하다면 하나님의 귀한 일꾼이 될 수 있습니다. 하지만 쓰이는 곳은 다릅니다. 베드로는 언어적인 한계, 문화적인 한계가 있으니까 이방인의 사도로는 못 쓰시고 유대인의 사도로만 쓰시고요 바울은 언어적인 한계, 문화적인 한계가 없으니까 이방인을 위한 사도로도 쓰신 것입니다. 그렇기에 여러분이 하나님의 일을 하는 데는 핵심 인재가 아니어도 됩니다. 하지만 글로벌 시대에 전 세계를 자신의 선교의 터전으로 삼고 하나님의 비전을 펼칠 'World Christian'임을 자인한다면 핵심 역량을 키운 핵심 인재가 되어야만 합니다. 하나님은 준비된 만큼 쓰시기 때문입니다. 여러분은 다윗 왕을 어떻게 생각하십니까? 그가 무슨 이유로 하나님의 사랑을 받고 그 당시 세상을 좌지우지하는 이스라엘 역사상 가장 훌륭한 왕으로 인정되었을까요? 그의 순전한 믿음 때문이었습니까? 맞습니다. 다윗만큼 빼어난 믿음을 가진 자가 당대에 없었습니다. 단연 군계일학의 믿음이지요. 하지만 단지 그의 빼어난 믿음만이 그를 이스라엘 역사상 가장 위대한 왕으로, 하나님의 마음에 합한 자로 만든 것이 아닙니다. 성경은 이에 대해 무엇이라 말하는지 보십시오. 삼상 16장 18절입니다.

> "소년 중 한 사람이 대답하여 가로되 내가 베들레헴 사람 이새의 아들을 본즉 탈 줄을 알고 호기와 무용과 구변이 있는 준수한 자라 여호와께서 그와 함께 계시더이다." (삼상16:18)

청년 시절의 다윗! 그는 일단 이스라엘 최고의 수금 연주자였습니

다. 어느 정도 실력인가 하면 왕궁으로 불려갈 정도로 그리고 악신
들이 그 수금 소리에 도망갈 정도로 탁월한 실력이었습니다. 여러분!
이런 실력이 하루아침에 만들어집니까? 아닙니다. 피나는 연습의 시
간이 있어야 합니다. 더불어 이런 정도의 수금 연주 실력은 단지 수
금을 잘 타는 기교만이 아니라 음악을 이해하고 인생을 이해하는 수
준이 되어야만 가능한 일입니다. 천재 첼리스트 장한나가 줄리아드
음대가 아니라 하버드대학 철학과에 입학한 이유가 무엇입니까? 인
생을 이해하고 사람을 이해해야 진짜 음악을 할 수 있다는 것을 알
았기 때문입니다. 그렇기에 수금을 잘 타는 다윗은 곧 성실과 열심
이 있던 사람이었다는 의미와 함께 인생과 사람과 음악을 이해하고
있던 사람이었다는 것입니다. 즉 성숙한 인격의 소유자였다는 말입
니다. 더불어 예술적인 타고난 달란트도 있는 사람이었고요. 이런 예
술적 달란트가 없으면 이스라엘 최고의 수금 연주자가 될 수 없었겠
지요. 당연한 이야기입니다. 우리는 이런 다윗의 예술적인 달란트를
시편에서 확실하게 확인할 수 있지요. 또한 다윗은 호기가 있는 사
람이라고 말을 합니다. 이 말은 '견고하다'는 말에서 유래된 히브리
어 '헬'로 '성벽, 요새, 성채'를 뜻하는 단어입니다. 즉 어떤 어려움
앞에서도 요동치 않고 흔들리지 않는 요새와 같은 담력과 용기를 가
졌다는 말입니다. 우리는 이런 다윗의 모습을 골리앗과의 싸움에서
확인할 수 있지요. 거인 골리앗 앞에서 모든 이스라엘 군사들은 오
금을 못 펴고 사기가 죽었지만 다윗만은 담대하게 골리앗을 향해 돌
진하지 않습니까. 물맷돌만을 가지고서. 성벽과 같은 담대함과 용기
가 있음을 보여주는 증거입니다. 거기다가 다윗은 구변이 있는 자였
습니다. 구변이 있다는 말은 단지 말을 잘한다는 의미가 아닙니다.
이 말은 지적인 능력과 논리적인 사고능력이 있다는 뜻입니다. 머리
에 든 것이 있어야 말도 잘하게 되고요, 머리에 든 것이 많아도 논
리적인 사고능력이 떨어지면 말을 잘할 수 없게 되는 법입니다. 그

렇기에 머리에 든 것도 많고 논리적인 사고능력도 있어야 구변이 좋아지는 것입니다. 지적인 능력과 논리적인 사고 능력이 다윗에게 있다는 증거입니다. 거기다가 다윗은 준수한 자입니다. 소위 얼짱입니다. 굉장한 청년이지요. 평범한 우리의 사기를 꺾는 모습이 아닐 수 없습니다. 그런데 우리의 기를 완전히 죽이는 다윗에 대한 마지막 보도가 있습니다. 바로 그에게 하나님이 함께 계신다는 것입니다. 소위 얼짱, 지짱, 용기짱, 음악짱, 인격짱에다가 신앙까지 짱인 것이지요? 이런 사람을 우리말로 표현하면 "초일류 인재"라고 부를 수 있을 것입니다. 무엇 하나 흠 잡을 데가 없지요. 하나님이 왜 다윗을 그 당시 세상을 좌지우지하는 하나님의 일꾼으로 크게 쓰시고 그를 마음에 합한 자라고 말씀하셨는지 이해가 가는 부분입니다. 무슨 말입니까? 큰 그릇으로 깨끗하게 준비되어 있으니까 하나님이 귀하게 크게 쓰시는 그릇이 되었다는 것입니다. 바로 이것입니다. 하나님은 누구나 다 하나님의 일꾼으로 귀히 쓰십니다. 단지 야곱의 심령이 깨어져서 깨끗하게 준비만 되어 있다면 말입니다. 하지만 큰 그릇으로 준비된 자는 크게 쓰시고요, 작은 그릇은 작게 쓰십니다. 그렇기에 여러분의 그릇을 크게 넓히십시오. 여러분을 하나님의 나라의 핵심 인재가 될 수 있도록 업그레이드시키시기 바랍니다.

여기서 중요한 질문이 생기지요. '그럼 하나님의 나라의 핵심 인재가 되기 위해서 무엇을 준비해야 하나요?' 우리는 오늘 본문을 통해 그 해답을 발견하게 됩니다. 왜냐하면 오늘 본문에서 야곱은 하나님이 주신 비전인 장자권을 자신의 것으로 만들기 위해 철저하게 자신의 역량을 준비시켜 나가는 모습을 볼 수 있기 때문입니다.

2. 장자권을 위한 야곱의 준비

우리 같이 창세기 25장 27절을 같이 읽겠습니다.

> "그 아이들이 장성하매 에서는 익숙한 사냥꾼인 고로 들사람이 되고 야곱은 종용한 사람인 고로 장막에 거하니 이삭은 에서의 사냥한 고기를 좋아하므로 그를 사랑하고 리브가는 야곱을 사랑하였더라."
> (창25:27-28)

우리는 이 본문에서 야곱이 장자권을 얻기 위해 형 에서와 경쟁하는 가운데 어떻게 어떤 역량들을 키워나갔는지를 알게 되지요.

1) 야곱의 준비: 끈!

그 첫 번째는 바로 세상과 인간을 의지하고 그 인맥을 이용하여 자신의 역량으로 삼으려는 끈을 준비했음을 보게 됩니다. 무슨 말입니까? 잘 들으시기 바랍니다. 오늘 본문은 이삭의 쌍둥이 아들 에서와 야곱이 전혀 다른 성격의 사람으로 성장했음을 보여주지요. 에서는 능숙한 사냥꾼으로 이삭은 살림을 하는 사람으로. 이것을 우리는 쉽게 이렇게 오해를 합니다. 형 에서는 활달하고 거칠고 힘을 우선시하는 터프가이로 자라나서 능숙한 사냥꾼이 되었고 동생 야곱은 내성적이고 순하고 부드러워서 어머니 리브가를 도와 장막에 거하면서 살림을 하는 유약한 사람으로 성장했다고 생각하지요. 하지만 이것은 오해입니다. 본문을 깊이 묵상하지 못해서 생긴 오해입니다. 그럼 익숙한 사냥꾼이 된 것과 장막에 거하는 자가 된 것에 다른 어떤 숨은 뜻이 있기라도 한 것입니까? 물론 있습니다. 그것도 아주 중요한 의미가 있습니다. 무엇입니까? 결론부터 이야기하자면 형 에서와 동생 야곱과의 눈에 안 보이는 치열한 장자권 경쟁이 있었다는 것입니다. 그리고 자신들 나름대로 장자가 되기 위한 준비를 하고 있었다는 것입니다. 에서는 에서 방식대로 야곱은 야곱 방식대로. 이것이 무슨 말입니까? 여러분은 왜 에서는 사냥꾼이 되고 야곱은 장막에 거하는 자가 되었다고 생각하십니까? 무엇보다도 타고난 천성 때문이었겠지요. 에서는 외향적이고 활발하고 직설적이고 에너지가 밖으로 분출되는 성격이라 사냥꾼이 되었고 야곱은 내향적이고 온순하고 속으로 삭이는 성격이라고 장막에 거하게 되었고요. 맞는 말이지요? 우리는 성경을 통해 이런 극단적으로 다른 둘의 성격을 확인하게 됩니다. 하지만 또 한번 묻지요. 단지 이런 타고난 성격 때문이었을까요? 아닙니다. 또 다른 이유가 있습니다. 그것은 바로 자신이 원하는 사람에게서 사랑을 받고 싶다는 욕구 때문입니다.

아이들은 자라면서 부모님의 사랑을 받고자 하는 욕구가 생기고 그 욕구는 우리가 생각하는 것보다 훨씬 더 강합니다. 어느 정도 강하냐 하면 자신이 싫어하는 것을 할 수 있을 정도로 강합니다. 윤서가 어릴 때의 일입니다. 한 3-4살 때일까요? 저는 윤서가 타고난 봉사정신과 희생정신이 있는 아이인 줄 알았습니다. 저희 집안은 다리 주물러 주고받기를 아주 즐깁니다. 제 기억으로는 아버님께 거의 하루에 3번 이상은 "현수야! 다리 주물러라"라는 말을 들으면서 자란 것 같습니다. 그런 환경에서 자란 탓에 저희 5남매는 모였다 하면 다리를 서로에게 쭉 뻗고 서로 다리 주물러 주기를 강요 혹은 애원을 합니다. 저도 마찬가지라 집에 가면 항상 누군가가 다리를 주물러 주기를 원하지요. 그런데 그게 하루 이틀 일도 아니고 얼마나 귀찮은 일입니까? 그래서 간혹 정말 다리가 아파도 아무도 거들떠보지 않을 때가 있습니다. 사실 저는 그것 때문에 잠을 못 잘 정도인데 말이지요. 그런데 그때 끙끙 앓고 있는 제 다리를 아주 조그마한 고사리 손이 주무르는 경우를 보게 됩니다. 윤서이지요. 아주 열심히 그리고 나름대로 꽤 오래 다리를 주무릅니다. 3-4살짜리가 그러고 있는 모습이 너무 신기했습니다. 간혹 이런 일도 있었습니다. 윤서가 아침에 일어나자마자 바로 내게 와서 다리를 주무르는 것입니다. 시키지도 않았는데! 그래서 저는 윤서가 타고난 봉사정신이 있는 줄 알았습니다. 테레사 수녀와 같은. 그런데 이제는 그것이 아니라는 것을 압니다. 지금은 아무리 사정해도 안 해 줍니다. 그럼 그때는 왜 그랬을까요? 사랑을 차지하겠다는 마음 때문입니다. 그 나이에 맞지 않은 윤서의 이상 행동(?)은 정말 단순하게 아빠의 사랑을 차지하고 싶다는 마음에서 나온 행동이었습니다. 언니보다 엄마보다 더 아빠의 사랑을 차지하고 싶다는 마음이 3살짜리에게 그 힘든 육체적인 노동을 하게끔 했다는 것입니다. 사랑을 차지하고픈 마음의 강렬함은 이렇게 사람을 변화시킵니다. 저는 에서와 야곱도 마찬가지일 것이라고 생각합니다. 형제는 나름대로 자신이 원하는 부모의 사랑을 차지하고 싶었던 것입니다. 그래서 에서는 사냥한 고기를 좋아하는 아버지의 사랑을 얻기 위해 익숙한 사냥꾼이 되었고요 이삭은 같이 살림하기를 좋아하는 어머니의 사랑을 얻기 위해 장막에 거하는 존재가 된 것입니다. 참으로 안타까운 모습이 아닐 수 없습니다.

저는 지금도 이렇게 부모의 사랑을 얻기 위해 자신의 삶을 맞추어가는 안타까운 모습을 청년들에게서 종종 봅니다. 지금까지 자신이 꿈꿔 왔던 모든 꿈은 사실 자신의 꿈이 아닌 친구들이 있습니다. 대신 부모님의 꿈입니다. 부모님이 대신 꿈을 꿔 주십니다. 넌 의사, 넌 법관, 넌 교사, 넌 공무원, 넌 교수, 넌 사업가, 넌 가정주부……. 나이에 맞게 그리고 우리의 실력에 맞게 부모님이 꿈을 대신 꿔 주십니다. 그러면 착한 청년들은 그 꿈을 이루기 위해 애를 쓰지요. 이런 친구들에게 묻습니다. '네 비전이 뭐니?' 그러면 나이 30이 다 되어 가도 곤혹스러워합니다. 왜요? 한번도 자신 스스로 꿈을 가져본 적이 없기 때문이지요. 이것은 부모님과 본인 둘 다에게 불행한 것입니다. 혹시 우리 가운데 이런 친구들이 있다면 죄송하지만 부모님의 그늘에서 벗어나야 합니다. 사랑받고자 하는 열망을 포기하십시오. 그리고 본인의 꿈을 꾸십시오. 또 부모님들은 더 이상 자식의 꿈을 꿔 줘서는 안 됩니다.

그런데 왜 에서는 아버지의 사랑을, 야곱은 어머니의 사랑을 갈구한 것입니까? 우리는 이렇게 추정할 수가 있습니다. '아버지 이삭은 장자를 싸고돌았을 것이고 어머니 리브가는 신탁을 기억하고 야곱을 싸고돌았을 것이다.' 보통 남자들은 장자에 대한 각별한 애정이 있습니다. 야곱도 르우벤을 "나의 능력이요 나의 기력의 시작이라"(창 49:3)고 말하고 요셉도 차자인 에브라임보다 장자인 므낫세를 앞세우지 않습니까? 이런 정서는 지금이나 그때나 이스라엘이나 우리나 별반 차이가 없는 것 같습니다. 반면 리브가는 그 당시의 관습법으로 장자가 장자권을 받는 것은 너무나 당연한 일로 그것이 변개되는 일은 거의 불가능한 일로 여겨졌기에 드러내 놓고 말은 못하지만……. 야곱에게 장자권이 있음을 신탁 받았기에 야곱에게 더욱더 큰 애정과 관심을 쏟았을 것입니다.

이런 나눠진 부모의 사랑이 에서와 야곱으로 하여금 은연중 깨닫게 한 것이지요. 자기편이 누구인지를, 자기가 어느 줄에 서야 하는지를 깨닫게 된 것입니다. 이것이 바로 에서는 익숙한 사냥꾼으로, 이삭은 조용히 장막에 거하는 자로 성장하게 된 숨어있던 이유인 것입니다. 하지만 이 숨은 이유에서 우리는 귀중한 통찰을 얻게 되니

다. 그것은 이 두 형제가 장자권을 놓고 벌이는 경쟁에서 나름대로
믿을 만한 "끈" 하나씩을 붙잡았다는 것입니다. 왜요? 장자권 싸움
에서 자신에게 승리를 얻게 하는 자신의 역량이 될 수 있다고 믿었
기 때문입니다. 그리고 사실 이런 "끈"은 치열한 경쟁사회에서 살아
가는 오늘의 세상에서 우리가 가진 능력의 일부분으로 간주되기도
합니다. 얼마 전에 "회사 안팎에서 제값 받는 핵심경쟁력 역량"이라
는 책을 읽었습니다. 그 책에서 우리가 갖추어야 할 역량이 무엇이
있어야 하는지를 설명하는데요, 그중 일곱 번째가 '끈'이었습니다.
물론 여기서 '끈'이란 소위 우리가 말하는 학연, 지연과 같은 의미만
은 아닙니다. 대신 여기서의 '끈'은 현대적인 용어로 네트워킹을 의
미합니다. 얼마나 상하좌우로 잘 통하는가입니다. 상하좌우로 막힘이
없이 잘 통할 수 있는 역량이 있어야 한다는 것이지요. 그래야 제값
받는다는 것입니다. 이것이 세상이 가르치는 역량 중의 하나고요, 실
제로 이런 네트워킹 능력 하나로 소위 세상적인 출세를 한 사람들을
우리는 종종 보게 됩니다. '누구누구의 사람'이라는 말을 우리는 직
장에서, 사회에서 종종 듣지요. 그 라인에 들어가기만 하면 그냥 출
세가 보장이 됩니다. 능력과 상관없이. 그렇기에 그 라인에 들기 위
해 엄청 노력을 합니다. 손바닥에 지문이 없어질 지경이 되도록 말
입니다. 하지만 성경은 이렇게 말씀하십니다.

> "사람을 두려워하면 올무에 걸리게 되거니와 여호와를 의지하는 자
> 는 안전하리라." (잠29:25)

> "너희는 인생을 의지하지 말라 그의 호흡은 코에 있나니 수에 칠
> 가치가 어디 있느뇨" (사2:22)

사람을 두려워하고 사람을 의지하지 말라는 것입니다. 그것이 오

히려 우리에게 올무가 되게 하고 결국 우리를 멸망으로 인도한다는 것이지요. 우리는 누구의 심복이라는 사람들이 말로가 어떤지를 너무나 명확하게 보았지 않습니까? 심복이 되기 위해선 주군을 의지하고 두려워해야 합니다. 하지만 결국 그들은 철장에 갇히거나 자살로 인생을 마감하지 않습니까? 하나님의 말씀대로 되는 것입니다. 여기서 우리는 에서와 야곱의 인생이 왜 이리 꼬이게 되었는가를 보게 됩니다. '인생을 의지했다. 끈을 그들의 역량으로 오해했다'는 것이지요. 이것이 중요합니다. 에서는 어차피 약속에서 벗어난 사람이니까 그렇다 치더라도 야곱은 하나님의 신탁을 받은 사람입니다. 그렇기에 그는 인생을 의지하지 말았어야 했습니다. 그는 오직 하나님만을 의지해야 했습니다. 하나님은 이런 경우 그 쓸데없는 역량을 치우십니다. 야곱을 보십시오. 결국 하나님은 야곱이 자신의 역량이라고 생각하고 70 평생 준비한 그의 역량, 어머니를 떠나게 하십니다. 어쩔 수 없는 상황을 만들어서 말이지요. 그리고 결국 야곱은 그의 어머니를 다시는 보지 못합니다. 가슴 아픈 일이 아닐 수 없습니다.

이것이 교훈이 됩니다. 혹시 우리도 야곱처럼 인생의 끈을 키우는 것이 곧 내 역량을 키우는 것이라고 착각하고 살고 있지는 않습니까? 하나님은 우리에게 참된 역량을 주시기 위해 우리의 잘못된 역량인 끈을 잘라 버리시기를 원하십니다. 그리고 하나님은 말씀하십니다.

"너는 마음을 다하여 여호와를 의뢰하고 네 명철을 의지하지 말라. 너는 범사에 그를 인정하라. 그리하면 네 길을 지도하시라." (잠3:5-6)

여기서 질문이 생기지요. 그럼 우리는 독불장군으로 혼자 살아가야 합니까? 아닙니다. 절대 그럴 수 없지요. 그럼 도대체 무엇입니까? 간단합니다. 내가 스스로 만든 끈을 끊어버리면 하나님이 만들어주시는 새로운 끈이 생겨나게 되는 것입니다. 바울을 보십시오. 그는 다메섹 도상에서 부활하신 예수님을 만난 후 다메섹에 있는 제자들과 교제하며 복음을 증거한 후에 예루살렘에 가서 제자들을 사귀려 합니다(행9:26). 소위 끈을 만들려고 한 것이지요. 물론 개인적인 욕심이 아닌 거룩한 비전을 위한 끈입니다. 그런데 하나님은 이런 바울 스스로 만들려는 끈을 허락하지 않으셨습니다. 그는 결국 예루살렘에서 유대인들의 살해위협을 받아 다소로 도망가고요, 하나님의 인도하심으로 아라비아 광야로 가 3년 동안을 칩거하며 기도와 묵상의 삶을 삽니다. 세상과의 모든 끈을 끊어버리신 것입니다. 그 뒤 하나님은 아라비아에 칩거해 있는 바울에게 하나님 편에서 마련해 주신 새로운 끈을 허락하십니다. 바로 바나바를 통해 안디옥 교회의 사역자로 바울을 부르신 것입니다. 그런데 이 이방인 교회야말로 바울과 정확하게 맞는, 바울이 있게 한 놀라운 동역자 교회였습니다. 이 안디옥 교회의 파송을 받아 바울의 3차에 걸친 선교여행이 시작되니까요. 바로 이것입니다. 하나님은 예루살렘과 끈을 닿으려 했던 바울의 인간적인 끈을 다 끊으셨습니다. 그리고 그에게 하나님만 의지하는 3년의 훈련기간을 주셨습니다. 이 3년 동안 바울의 모든 세상적인 끈은 다 끊어졌지요. 결국 바울은 더욱 철저하게 하나님만을 의지하게 되었습니다. 그때 하나님은 비로소 하나님 편에서 마련하신 새로운 끈을 바울과 연결시켜 주십니다. 바나바와 안디옥 교회라는. 그리고 이 끈은 엄청난 힘을 가지고 하나님의 역사를 이루는 끈이 됩니다.

그렇기에 이것이 기도제목이 되어야 합니다. "하나님! 내가 가지고 있는 내 스스로 세운 세상적인 끈을 끊어주십시오. 나는 그것이 내 역량을 키우는 일이라고 생각했습니다. 하지만 이제는 그 끈을 끊습니다. 그리고 하나님만을 의지합니다. 사랑의 하나님! 하나님 편에서 주시는 새로운 끈으로 나를 세우시고 이끌어 주십시오."

2) 야곱의 준비: 족장의 임무를 수행할 능력

두 번째로 본문을 통해 보게 되는 역량을 위한 야곱의 준비로는 야곱이 아버지 이삭을 이어 족장으로서의 역할을 행할 수 있는 능력을 준비하고 있었다는 것입니다. 이것을 어떻게 알게 됩니까? 오늘 우리가 읽은 본문에서 '종용하다'는 말을 주목하시기 바랍니다. 우리는 그 뜻이 '차분하다' '얌전하다' 영어로는 'quite'로 표현되어 있음을 보게 됩니다. 그런데 사실 이 '종용하다'는 단어에는 단지 '차분하고 얌전하다'라는 의미를 넘어선 굉장히 중요하고 의미가 깊은 뜻이 숨겨져 있습니다. 어떤 뜻입니까? 히브리어 '탐'에는 두 가지의 뜻이 있습니다.

첫째는 Perfect(이상적인, 완벽한)의 뜻입니다.
둘째는, Complete(완성된, 완비된)이라는 뜻입니다.

이것에 주목하십시오. 지금 야곱은 무언가에 이상적으로 완벽한 사람이 되었고 무언가를 하기에 완비가 된 완성된 사람이 되었다는 것입니다. 그것이 무엇입니까? 이것을 알기 위해 27절을 다시 한번 보십시오. "야곱은 종용한 사람인 고로 장막에 거하니." 야곱은 지금 장막에 거하고 있습니다. 이것은 단지 야곱의 거처가 장막이라는 것을 알려주기 위한 것이 아닙니다. 대신 이것은 야곱의 성품과 준비된 자질이 무엇이었는가를 설명하는 중요한 키워드가 됩니다. 그럼 도대체 '장막에 거함'은 무엇을 의미합니까? 바로 야곱이 한 족속의 족장으로서의 모든 능력을 갈고 닦아서 완벽하게 준비가 되었다는 것을 의미하는 말입니다. 성경에 보면 "장막에 거하고" "장막을 가졌다"라는 말은 보통 그가 한 족속의 족장으로서의 위치를 가지고 있다는 것을 의미하는 말로 쓰입니다. 창세기 13:5절에 "롯도 장막이 있으므로"라는 표현이 그 예지요. 이 말은 롯이 부자라는 표현이기도 하지만 더불어 그가 이미 한 일가를 이룬 족장이었음을 가리키는 말이 되기도 합니다. 그렇기에 야곱이 장막에 거했다는 말은 우리가 흔히 생각하는 것처럼 야곱이 여성스럽고 조신해서 장막 안에 거하면서 어머니 리브가를 도와 집안 살림이나 하고 있던 존재라는 의미가 아닙니다. 대신 이 말은 야곱이 언젠가는 아버지 이삭의 뒤를 이어 족장이 되기 위해 자신을 준비시킨, 그래서 완성되고 완비된 사람이었다는 것입니다. 바로 야곱은 이렇게 장자권을 얻어 족장이 되기 위해 자신을 철저하게 준비한 사람이었습니다. 완전하고 완비하게 말이지요.

이런 점은 제가 보기에 야곱이 가진 에서에 비해 월등히 나은 장점으로 보입니다. 이런 야곱에 비해 장자인 에서는 어떻게 행동을 합니까? 그는 들사람이라고 말합니다. 들사람이란 야곱의 경우에서 보았던 것처럼 '들에 거하는 사람'이라는 뜻만을 가지고 있지 않습니다. 대신 '들사람'이라는 말속에 우리는 야곱처럼 에서의 성품과 족장으로서의 준비 정도를 알 수가 있지요. '들사람'이라고 하면 무엇이 가장 떠오릅니까? '야성적인 성격' '터프가이' '길들여지지 않은 성품' 뭐 이런 것들이 연상되지 않습니까? 바로 이것이 에서의 모습이었습니다. 에서는 길들여지지 않은 성품의 소유자였습니다. 이 말에는 다음의 세 가지 뜻이 내포되어 있지요.

(1) 본능대로 사는 사람

(2) 자신 멋대로 사는 사람
(3) 힘의 논리대로 사는 사람

정말 에서는 이렇게 살았지요. 그는 '본능에 충실했습니다.' 그의
본능이 배고픔을 먼저 채우라고 지시하니까, 동생이 자신을 속이는
줄 뻔히 알면서도 팥죽 한 그릇에 장자권을 팔아 버립니다. 이때 그
가 내뱉은 자기변명의 말이 무엇입니까?

> "에서가 가로되 내가 죽게 되었으니 이 장자의 명분이 내게 무엇이 유
> 익하리요" (창25:32)

웬 호들갑입니까? 지금까지 잘 참고서 집에 와 놓고선 이제 와 죽
겠다고 호들갑을 떱니다. 전형적으로 본능에 충실한 사람들의 모습
을 보게 됩니다.

또한 그는 제멋대로 살았지요. 남은 전혀 의식하지 않습니다. 보
세요. 야곱의 팥죽을 발견하였을 때 그는 단 한마디도 이렇게 묻지
않습니다. '무슨 일로 팥죽을 끓였니?' 이것은 기본 상식이지요. 혹
시 압니까? 아버지 이삭의 명령으로 팥죽을 끓이고 있는지 혹은 귀
한 손님이 와서 대접하려고 급하게 죽을 끓이고 있는지 모르는 일이
아닙니까? 그런데 에서는 묻지 않고 다짜고짜 팥죽을 달라고 합니
다. "내가 배고프니 나로 이 붉은 죽을 한번에 들이켜게 하라." 이것
은 '내 사정이 이러니 네 사정은 어떻든 네가 이해해야 한다.'는 투
입니다. 그리고 보세요. 에서가 야곱에게 이야기하고 있는 이 몇 구
절 안에 '나'란 단어가 몇 개나 나오는지를. 4번이나 쓰이고 있습니
다. 에서는 철저하게 나 이외에는 안중에도 없습니다. 이런 에서의
자기만의 생각과 행동은 아내를 취할 때도 나타나지요. 처음 취한

아내들이 왜 부모님의 마음에 들지 않았는지도 깊이 고려하지 않고 자기 멋대로 생각하고 가서 이스마엘의 후손에게서 아내를 취해 오지 않습니까? 한마디로 자기 멋대로 사는 인생! 에서입니다.

마지막으로 에서는 힘의 논리대로 사는 삶을 보여줍니다. 그는 동생의 팥죽을 빼앗기 전에는 어떻게 하든지 팥죽을 먹겠다는 집념에 사로잡혀 호들갑을 떱니다. 원어에 보면 "이 붉은 죽을. 이 붉은 죽을"이라고 두 번이나 반복해서 말하고 있는 것을 보게 됩니다. 그런데 팥죽을 먹고 나서의 에서의 모습을 보십시오. 본문은 이 광경을 아주 리얼하게 묘사해 줍니다. "에서가 / 먹고 / 마시고 / 일어나서/ 나갔다." 그렇게 호들갑을 떨고 말이 많던 에서가 왜 음식을 먹은 후에는 그토록 잠잠하게, 섬뜩할 정도로 잠잠하게, 인사의 말 한마디도 없이, 어떤 일체의 군더더기 없는 행동만을 한 채 그 자리를 떠나고 있습니까? 지금 에서는 동생 야곱을 향해 무언의 윽박을 지르고 있는 것입니다. '조금 전에 했던 약속은 없던 것으로 하는 거야! 알지?' 에서는 충분히 그럴 수 있는 사람이었습니다. 그는 힘의 논리대로 살던 사람이었기 때문입니다. 그렇기에 그는 자신보다 육체적으로 연약했을 동생 앞에서 의도적으로 아주 직선적인 행동을 하고 있는 것입니다. 찬 바람이 쌩쌩 나도록 말이지요. 길들여지지 않은 들사람, 에서의 힘의 논리대로 사는 삶은 그가 정착한 곳이 세일산이라는 곳에서도 나타납니다. 원래 세일산은 호리족속이라는 아주 호전적인 족속이 살던 곳이었습니다. 이곳을 에서가 자신의 터전으로 삼습니다. 어떤 방법으로요? 전쟁입니다. 에서는 전쟁을 통해 호리족을 물리치고 그 땅을 차지합니다. 에서가 그가 데리고 있던 군사 중 400명의 군사를 데리고 야곱을 만나러 온 것을 생각해 보십시오. 일반 평범한 족장에게 군사 400명은 많은 숫자입니다. 왜 이런 많은 군사들이 필요했을까요? 호리족속과의 전쟁 중에 있었기 때문입니다. 우리는 에서가 아주 철저하게 힘의 논리대로 살았던 사람임을 보게 되지요.

보세요. 야곱이 족장으로서의 능력을 준비시키고 있던 시기에 에서는 전혀 준비를 하지 않고 있습니다. 그는 지극히 본능적이고 제멋대로이고 힘의 논리를 숭상하는 사람으로 성장합니다. 야곱과의 경쟁에서 스스로 도태되고 있는 것입니다. 그렇기에 사실 야곱은 그렇게 안달하고 불안해 할 필요가 없었습니다. 에서 스스로가 자신의 삶을 망치고 있었기 때문입니다. 그냥 야곱은 그가 계획하고 해 왔던 대로 꾸준하게 족장의 능력을 준비하면 되었던 것이지요. 여기서 중요한 질문이 생기지요. 그럼 야곱이 준비한 족장으로서의 능력이란 구체적으로 무엇을 의미합니까?

(1) 경영능력입니다. 에서가 들로 산으로 쏘다니는 동안 야곱은 장막에 거하면서 족장으로서의 살림을 이끌어 가는 능력을 터득했을 것입니다. 그러기 위해서는 자질구레한 살림살이부터 시작해서 가족의 재산이 얼마나 되고 대가족을 먹여 살리기 위해 얼마의 생활비가 들어가며 그 재산이 지금 어떻게 관리되고 운영되고 있고 노비들은 어떻게 관리해야 하고 이웃 족속과는 어떤 관계를 유지해야 하는지 등 참으로 많은 것들을 배워야 했을 것입니다. 그것을 지금 야곱은 완벽하게 준비했다는 것입니다. 이것이 중요하지요. 리더가 되려는 사람은 알아야 합니다. 작은 것부터 큰 것까지 직접 경험해 봐야 합니다. 간혹 보면 그룹 회장의 아들들이 경영수업을 말단 사원으로부터 시작하는 것을 보게 되지요. 같은 이유입니다. 오너가 되려면 다 경험해 보고 알아야 하기 때문입니다. 그렇기에 역량을 키우시길 원하십니까? 많이 경험해야 합니다. 저는 목회자의 비전을 가지고 난 뒤에 아무튼 나중에 도움이 될 만한 것이라고 여겨지는 것은 무엇이

든지 직접 경험해 보려고 노력했습니다. 봉사도 그렇고 성경공부도 그렇고 제자훈련도 그렇고 책읽기도 그렇고 영적인 체험들도 그렇고 정말 닥치는 대로 경험했지요. 그것이 지금 제게 얼마나 많은 유익과 도움이 되는지 모릅니다. 그러기에 어떤 분명한 목표가 있다면 이제 경영능력을 쌓으십시오. 부지런히 경험하시고 배우십시오. 야곱에게서 보게 되는 지혜입니다.

(2) 자기조절능력(Self-controlled)입니다. 야곱은 어찌 됐건 그의 나이 30살 때쯤에 형의 장자권을 삽니다. 그리고 그 뒤 그는 근 40년을 아버지 이삭이 도발적인 행동을 하기 전까지는 묵묵히 참고 기다립니다. 어떤 도발적인 행동입니까? 비밀스럽게 에서에게 장자의 권을 주려는 행동입니다. 이것은 이삭의 굉장히 잘못된 행동입니다. 이미 이삭은 하나님의 뜻이 야곱에게 있고 장자권을 에서가 팔아버린 것을 압니다. 장자권을 가로챈 것을 안 에서가 울면서 아버지 이삭에게 이렇게 말하지 않습니까? 창세기 27:36절입니다.

"에서가 가로되 그의 이름을 야곱이라 함이 합당치 아니하니까. 그가 나를 속임이 이것이 두 번째니이다. 전에는 나의 장자의 명분을 빼앗고 이제는 내 복을 빼앗았나이다. 또 가로되 아버지께서 나를 위하여 빌 복을 남기지 아니하셨나이까." (창27:36)

이미 아버지도 알고 있듯이 야곱이 나를 두 번째 속이고 있다는 것입니다. 이삭이 모든 것을 알고 있다는 것을 암시하는 대목이지요. 그런데도 이삭은 에서에게 장자권을 물려주려 합니다. 그것도 몰래! 이것은 그 당시 관습에 맞지 않습니다. 적어도 장자권이라는 어마어마한 권리를 물려주려면 이웃을 초대하지는 않더라도 집안 식구들과 노비들이 다 보는 앞에서 공개적으로 안수하고 선포해 주어야 합니다. 그런데 그 모든 것을 생략합니다. 심지어는 아내인 리브가에게조차 알리지 않습니다. 무슨 비밀공작도 아니고 이게 뭡니까? 아마도 이삭은 자신이 좋아하는 장자인 에서대신 야곱을 세우려는 하나님의 뜻이 싫었던 것 같습니다. 그렇기에 얼렁뚱땅 하나님의 뜻을 거스르고 자신의 뜻대로 하려고 했던 것 같습니다. 그렇기에 이삭의 도발이라고 하는 것입니다. 이 도발이 있기 전까지 야곱은 40년간을 잘 참았지요. 그렇기에 야곱의 속임수를 탓하기만 하기에는 왠지 동정심이 갑니다. 아무튼 이것을 통해 우리는 야곱이 굉장한 인내심, 자기조절의 능력이 탁월한 존재라는 것을 보게 됩니다. 저 같으면 단 3년도 못 참을 것 같은데 말입니다. 이런 야곱의 자기조절 능력은 하란에서의 20년 생활 동안에도 나타나지요. 20년 동안의 뼈 빠지는 고생의 시간들은 한마디로 삼촌 라반에게 착취당한 시간들이 아니었습니까? 그런데 그것을 참아 냅니다. 뭔가 사생결단을 내지 않지요. 이것이 바로 야곱의 역량입니다.

그리고 이런 역량은 오늘날에도 굉장히 중요합니다. 자기를 조절하고 절제하지 못하면 결코 살아남지 못합니다. 필수조건이 되어 버렸습니다. 자기 육체의 소욕을 조절하고 절제할 수 있어야 합니다. 자기 정신의 소욕을 조절하고 절제할 수 있어야 합니다. 자신의 영혼의 소욕을 조절하고 절제할 수 있어야 합니다. 이것이 안 되면 에서 꼴이 되는 것입니다. 우리 사회의 수많은 성공했다는 리더들이 왜 일시에 무너져 내렸습니까? 육체의 소욕을 조절하고 절제하지 못해서 건강을 잃고 스캔들에 휩싸여 넘어졌습니다. 정신의 소욕을 조절하고 절제하지 못해서 명예욕에 넘어지고 권세욕에 넘어졌습니다. 영의 소욕을 절제하지 못해서 교만함 속에 빠져 하나님의 대적이 되고 주변을 어렵게 하고 있습니다. 예를 들자면 너무 쉽게 예를 찾을 수 있습니다. 왜 이런 일이 있습니까? '자기 조절과 절제'가 안 되었기 때문입니다. 스트레스를 조절하지 못해 왕성히 활동할 나이에 그만 병들어 무너졌고 육신의 정욕, 안목의 정욕, 이생의 자랑을 조절하지 못해 수많은 상처를 남기고 추락했습니다. 그렇기에 하나님은 말씀하십니다. 잠언 4장 23절입니다.

"무릇 지킬 만한 것보다 더욱 네 마음을 지키라 생명의 근원이 이에서 남이니라." (잠4:23)

"노하기를 더디 하는 자는 용사보다 낫고 자기의 마음을 다스리는 자는 성을 빼앗는 자보다 나으니라." (잠16:32)

그렇기에 자기를 먼저 지키고 조절할 수 있는 역량이 있어야 합니다. 베이컨이 의미심장한 말을 했습니다.

"타고난 능력이란, 자연계의 초목과 같아 항상 탐구로써 가지를 쳐야 한다." -F. 베이컨

무슨 뜻입니까? 아무리 능력이 많은 사람이라도 항상 자신을 성찰하고 자신 안에 생겨나는 잡초와 같은 욕심들을 가지 치지 않으면 안 된다는 것입니다. 자기 조절과 절제가 언제나 필요하다는 것입니다. 여기서 중요한 질문 하나, 어떻게 이런 능력이 생기나요? 말씀입니다. 시편 119:9-11절입니다.

"청년이 무엇으로 그 행실을 깨끗케 하리이까. 주의 말씀을 따라 삼갈 것이니이다. 내가 전심으로 주를 찾았사오니 주의 계명에서 떠나지 말게 하소서. 내가 전심으로 주를 찾았사오니 주의 계명에서 떠나지 말게 하소서." (시119:9-11)

"너희가 죄와 싸우되 아직 피 흘리기까지는 대항치 아니하고" (히
12:4)

무엇을 하라는 것입니까? 말씀을 가지고 가지를 치고 더 나아가
피 흘리기까지 싸우라는 것입니다. 내 안에 드는 온갖 시험들에 대
해 죽기까지 싸우라는 것입니다. 성경은 말씀하십니다. 자신 안에 드
는 욕심들을 가지치고 그것들과 싸우면서 자신을 지키는 것이 쉬운
것이 아니라고. 그렇기에 이것은 치열한 전투를 반드시 겪어야 지켜
질 수 있는 부분입니다. 그렇기에 이 부분에서 싸우기를 주저하지
마십시오. 방법이 없습니다. 말씀을 가지고 싸우십시오. 성령이 도우
십니다. 승리할 수 있습니다. 주께서 이미 승리하셨기 때문입니다.
바로 이런 자기절제의 능력을 야곱이 준비했다는 것입니다.

지금까지 살펴본 경영능력, 자기조절과 절제의 능력이 대표적으로
야곱이 족장으로서 준비한 능력이었습니다. 그런데 중요한 것은 이
것을 야곱이 그의 나이 30세에 이미 완벽하게 완성시켰다는 것입니
다. 이 말은 이미 철이 들고 난 뒤부터 20대 동안 야곱이 부단하게
노력을 해 왔다는 것입니다. 이에 비해 우리는 지금 어떤 능력을 함
양하고 있습니까? 20대의 나이는 분명 능력을 준비하고 함양하는 시
기입니다. 분초를 아껴서 말입니다. 그런데 너무나 아쉬운 것이 있습
니다. 이 황금 같은 20대를 너무나도 안일하고 나태하게 보낸다는
것입니다. 일단 너무 생활이 불규칙합니다. 새벽까지 안 자 본 적은
꽤 많은데 노느라고 예배를 위해 혹은 무언가 비전을 위해 새벽을
깨워 본 적은 기억에도 없습니다. 친구 만나 노느라, 친구 만나 수다
떠느라, 친구 만나 쇼핑하느라, TV 보느라, 영화 보느라, 게임하느
라, 만화 보느라, 찜질방 가느라, 데이트 하느라 너무 바빠서 자신만
을 위해, 자신의 인격과 비전과 능력을 위해 자신에게 쏟는 시간이

절대 부족합니다. 성경은 우리에게 말씀하십니다.

> "외인을 향하여서는 지혜로 행하여 2)세월을 아끼라 {헬, 기회를
> 사라}" (골4:5)

여기서 외인이란 일차적으로 믿지 않는 자들을 의미합니다. 그들
과의 헛된 교제를 하느라 시간을 죽이지 말라는 것입니다. 전도하기
위한 교제는 예외인 것 아시지요. 그런데 사실 좀 더 넓은 의미로
외인을 해석하면 '굳이 지금 안 만나도 되는 사람'일 것입니다. 굳이
지금 안 만나도 되는 사람에게 내 귀중한 시간을 낭비할 이유가 없
습니다. 그런 관계는 지혜를 사용하여 지혜롭게 문제를 해결하면 되
는 것입니다. 그런데 간혹 보면 마음이 약해서 모든 사람들의 모든
필요를 다 들어주어야 할 것 같이 생각하고 행동하는 친구들을 봅니
다. 만나달라는 대로 다 만나고 놀아달라는 대로 다 놀아주고 그러
면서 자신의 일을 완벽하게 하고 자신의 성숙을 위해 투자할 수도
있으면 얼마나 좋을까요. 그런데 아쉽게도 하루는 24시간밖에 없습
니다. 또 이런 분들이 그런 시간들을 내기 위해 잠을 줄이는가 하면
또 그렇지도 않다는 것입니다. 잘 것 다 자고 놀 것 다 놀면서 지혜
롭게 행하면 될 관계까지 다 챙기다 보니 정작 가장 귀중한 20대에
자신의 역량을 키우는 데 투자할 시간은 절대 부족하다는 것입니다.
제 말이 너무 삭막합니까? 아닙니다. 만약 여러분이 그냥 지극히 평
범하게 사는 것에 만족해하면서 살겠다면 제가 말한 대로 사시지 않
아도 됩니다. 하지만 뭔가 큰 그릇으로 사용되길 원한다면 제 말에
귀를 기울여야 할 것입니다. 잠언은 말씀합니다.

> "게으른 자는 마음으로 원하여도 얻지 못하나 부지런한 자의 마음
> 은 풍족함을 얻느니라." (잠13:4)

게으른 자라고 원하는 꿈이 없지 않습니다. 다 원하는 꿈이 있지요. 하지만 그는 결코 그 꿈을 이루지 못합니다. 게으르기 때문입니다. 그러나 부지런한 자는 그 꿈을 이룹니다. 그 마음이 풍족한 기쁨을 누리게 되는 것입니다. 그러기에 나중에 못다 이룬 꿈 때문에 후회하지 않기를 원한다면 이제 세월을 아껴야 합니다. 이 좋은 청년의 시절에 역량을 키우는 데 매진해야 합니다. 마지막으로 팁 한마디! "영어공부 합시다!"

3. 하나님이 야곱에게 원하신 역량

지금까지 우리는 장자권을 얻기 위해 야곱이 준비한 역량 두 가지를 살펴보았습니다. 하나는 인간적인 끈이었고요, 두 번째는 족장으로서의 능력이었습니다. 이런 야곱의 준비에 대해 어떻게 생각하십니까? 이 정도면 충분하지 않을까요? 하나님이 이 정도에서 야곱에게 장자권을 주시고 이삭을 이어 야곱을 족장으로 세워 주셔도 되지 않겠습니까? 그런데 놀랍게도 하나님은 이후 약 100여 년 동안이나 야곱을 훈련시키십니다. 아주 험악한 세월을 보내게 하시지요. 왜요? 간단합니다. 하나님이 보시기에 아직 역량이 부족하기 때문입니다. 하나님의 눈은 정확합니다. 하나님은 우리의 역량을 달아 보시는 분이십니다. 그리고 부족함이 보이면 채워질 때까지 돌리십니다. 왜 출애굽 한 이스라엘 백성들이 11일 정도면 갈 수 있는 가나안 땅을 무려 40년 동안이나 돌아서 갑니까? 아직 가나안 땅에 들어가서 하나님의 나라를 세울 역량이 안 되었기 때문입니다. 출애굽기 13장

17절이지요.

> "바로가 백성을 보낸 후에 블레셋 사람의 땅의 길은 가까울지라도 하나님이 그들을 그 길로 인도하지 아니하셨으니 이는 하나님이 말씀하시기를 이 백성이 전쟁을 보면 뉘우쳐 애굽으로 돌아갈까 하셨음이라" (출13:17)

또 보십시오. 사람의 관점으로는 거의 완벽하게 준비가 된 모세가 아닙니까? 40세의 적지도 많지도 않은 가장 최적의 나이에 애굽 왕자로서 나라를 경영할 수 있는 모든 지식과 경륜을 이미 습득한 후입니다. 왕자 교육을 받았으니까요! 그런데 하나님은 모세에게 40년간의 미디안 목동의 시절을 더하십니다. 장인 집에 얹혀서 살아야 하는 비참함과 함께 말입니다. 왜요? 하나님이 보시기에 아직 출애굽 시킬 역량이 모세에게 준비가 되어 있지 않았기 때문입니다. 공자도 이런 말을 했지요. "역경"에 나오는 말입니다.

> "능력은 적은데 책임이 무거우면 화가 미치지 않는 일이 드물 것이다. 덕은 박한데 지위는 높고 지혜는 적은데 큰일을 꾀하는 일도 이와 같다." -역경

여기서 중요한 질문이 생기지요. '그럼, 과연 야곱이 준비하지 못한 하나님이 원하시던 역량은 무엇이었을까요?' 그것을 어찌 알 수 있을까요? 간단합니다. 야곱의 평생의 약점이 바로 그것입니다. 우리가 보통 우리의 역량을 강화할 때 바로 생각하는 것이 무엇입니까? 내 약점을 보완하는 것이지요. 우리나라 축구대표 팀이 역량을 강화하기 위해 무던히도 우리의 약점인 골 결정력을 보완하고 수비라인을 강화하려 하지 않습니까? 마찬가지로 하나님도 야곱의 역량을 강

화하시기 위해 무엇보다 먼저 야곱의 약점이 보완되기를 원하셨습니다. 그런데 야곱은 이것을 간과한 것입니다. 그는 다른 필요한 역량은 강화했으면서 진정 자신의 약점을 보완하고 강화하는 데는 실패했지요. 결국 그 약점 때문에 그는 험악한 인생을 보내게 됩니다.

그럼 야곱의 평생의 약점은 무엇입니까? 자신 스스로 자꾸만 하려는 교만함입니다. 이것이 어찌 보면 열심으로 비춰질지 모릅니다. 하지만 야곱의 인생 전체를 통해 보면 이것 때문에 야곱은 참으로 어려운 시간을 보냅니다. 팥죽 사건도 스스로 해보려는 인간적인 생각 때문에 일어난 사건입니다. 이삭을 속인 사건도 마찬가지고요. 벧엘에서 하나님의 언약을 받을 때도 그는 자기 수준에서 하나님께 서약을 하지요. 그냥 그 언약을 은혜로 받으면 될 것을 괜히 조잡한 서원을 합니다. 왜요? 자신이 스스로 그 언약을 확증하고 싶기 때문입니다. 하란에서의 20년 세월도 그렇지 않습니까? 그는 아내를 얻을 때도 자기 스스로 알아서 했고요, 자신의 집안을 세우는 데도 초반에는 자신의 열심으로 일을 합니다. 열심히 일하면 부자가 될 줄 알았지요. 그런데 10번이나 품삯을 못 받고 결국 10년 이상이나 뼈 빠지게 일했음에도 빈털터리로 있었지 않습니까? 나중에 야곱이 부자가 된 이유는 단 한 가지 하나님이 시키시는 대로 한 것뿐입니다. 하나님이 시키시는 대로 양과 염소가 새끼를 밸 때쯤 되면 버드나무와 살구나무와 신풍나무의 푸른 가지를 취하여 그것들을 벗겨 흰 무늬를 내서 그들이 물을 먹는 앞에 세워둔 것 밖에 없습니다. 그러자 야곱이 원하는 대로 새끼들이 아롱지고 검은 것들만이 나와서 야곱이 부자가 된 것입니다. 그전에는 야곱, 그는 정말 개털이었지요. 또 얍복 강에서도 그는 스스로의 꾀로 어찌하든지 그 위기를 벗어나려 하지요. 선물공세를 하고 하나님께 대듭니다. 야곱의 일생을 보면 그에게 일어났던 모든 험악한 일들 대부분은 그가 고질적인 병인 스스로 하려고 했던 것에서 기인하고 있다는 것을 보게 됩니다. 그렇기에 진정 하나님이 야곱에게 원하셨던 역량 한 가지는 철저하게 하나님만을 신뢰하고 의지하는 것이었습니다.

여기서 오해가 있을 것 같아 말씀드립니다. '그럼 다른 모든 것들은 필요 없고 하나님을 신뢰하고 따르는 것만 있으면 됩니까?' 그렇지 않습니다. 다 필요합니다. 단지 하나님을 철저하게 신뢰하는 것은 야곱의 화룡점정인 것입니다. 화룡점정 아시지요. 용의 눈동자 아닙니까. 벽화속의 용의 그림에 눈동자를 그려 넣으니까 용이 살아서 승천했지요. 그래서 화룡점정이란 무언가를 완성하는 가장 중요한 한 가지를 뜻하지 않습니까. 바로 야곱에게 자기 스스로 무언가를 하려는 교만을 버리고 하나님을 철저히 의지하는 것이 화룡점정인 것입니다.

이처럼 모든 사람들에겐 자신만의 화룡점정과 같은 역량이 있습니다. 하나님은 그것이 채워지시길 원하십니다. 그것이 성숙되시길 원합니다. 어떤 사람에게는 그것이 실력일 수 있습니다. 어떤 사람에게는 그것이 영적인 성숙일 수 있습니다. 어떤 사람에게는 그것이 감정적인 풍부함일 수 있습니다. 어떤 사람에게는 그것이 이성적인 능력일 수 있습니다. 어떤 사람에게는 그것이 관계의 능력일 수 있습니다. 어떤 사람에게는 그것이 정직함의 능력일 수 있습니다. 어떤 사람에게는 그것이 절제의 능력일 수 있습니다. 어떤 사람에게는 그것이 온유의 능력일 수 있습니다. 어떤 사람에게는 그것이 거룩함의 능력일 수 있습니다. 어떤 사람에게는 그것이 인내의 능력일 수 있습니다. 어떤 사람에게는 그것이 긍휼의 능력일 수 있습니다. 어떤 사람에게는 그것이 부지런함의 능력일 수 있습니다. 어떤 사람에게는 그것이 긍정적인 마음의 능력일 수 있습니다. 어떤 사람에게는 화평의 능력일 수 있습니다. 어떤 사람에게는 그것이 조직적인 사고의 능력일 수 있습니다. 어떤 사람에게는 그것이 여유 있는 사고의 능력일 수 있습니다. 100사람이면 100사람마다 다 다르게 하나님은 각자의 화룡점정과 같이 성숙시켜야 할 능력이 있음을 말씀하십니다. 그것을 채울 때 비로소 하나님의 비전을 향해 날 수 있습니다. 그런데 애석하게도 야곱은 너무 오래 걸렸습니다.

정리합니다. 하나님 나라를 위한 역량을 가진 핵심 인재가 되십시오. 청년의 이 귀한 시기를 핵심 인재로 자신을 가꾸는 데 투자하십시오. 게으르지 말고 부지런하게 역량을 키우십시오. 어떤 역량입니까? 관계의 끈입니다. 나의 만족과 유익을 위해 내 스스로 만들려 했던 관계의 끈들이 아닙니다. 하나님이 주시는 끈입니다. 바로 하나님이 주시는 공동체, 인간관계의 끈이 우리의 역량입니다. 또 어떤 역량입니까? 경영능력입니다. 실력이지요. 이를 쌓기 위해 공부합시다. 경험합시다, 부지런히. 또한 자기조절과 절제의 역량입니다. 이를 위해 말씀을 가지고 피 흘리기까지 싸워야 합니다. 성령의 도우심을 의지하여. 승리는 내 것입니다.

하지만 진정한 역량의 성취를 위해 하나님이 원하시는 한 가지 역량을 더 키우십시오. 그것이 야곱의 경우는 야곱의 가장 큰 약점인 자기 스스로 무언가를 하려는 교만이었습니다. 그리고 사람마다 그런 약점이 있습니다. 하나님께 그것을 여쭤보십시오. 그리고 하나님이 가르쳐 주신 그 약점을 보완하고 그 부분에서 역량을 키울 수 있도록 하십시오. 그것이 여러분의 역량에 화룡점정이 될 것입니다.

이제 하나님은 기대하십니다. 여러분 모두가 하나님의 비전을 성취할 역량을 갖춘 비상하는 독수리 같은 존재가 되기를. 온 세상을 향해 비전의 날개를 힘 있게 활짝 펼치고 날아가는 독수리 같은 존재들이 되기를 간절히 원하십니다. 그렇기에 기도합시다. "나의 역량을 키워주십시오. 나를 하나님 나라의 핵심인재가 되게 해 주십시오. 내게 하나님이 주신 관계의 끈, 관계의 공동체를 허락해 주십시오. 내게 비전을 행해 경영해 나갈 수 있는 실력을 주십시오. 그 실력을 이룰 성실과 지혜를 주십시오. 내게 하나님의 말씀과 성령의 도움으로 내 자신을 조절하고 절제할 수 있는 능력을 주십시오. 나로 내 스스로 하려고 하는 교만함을 버리게 해 주십시오. 내게 필요한 화룡점정의 역량이 무엇인지 가르쳐 주십시오. 내가 그것을 성숙시키게 해 주십시오."

제 4 장

야곱의 열정 (창 29:1-30)

1. 유성이 되고 싶다!

러시아에 처음으로 청년들을 데리고 단기선교를 갔을 때의 기억입니다. 고된 하루의 일과를 마치고 교회 마당에 있는 넓은 평상에 몇 명의 청년들과 옹기종기 모여서 이런 저런 이야기를 하고 있었습니다. 그때 우리의 주된 관심사는 하늘의 별이었습니다. 얼마나 별이 많은지 그런 장관은 서울 하늘에서는 좀처럼 보기 힘든 것이었기 때문입니다. 저는 그때 두 번째로 은하수를 보았습니다. 첫 번째는 고등학생 때 강원도로 극기 훈련을 갔을 때였고 러시아에서 본 것이 두 번째였습니다. 얼마나 아름다운지요. 보신 분은 아시겠지만 정말 왜 별의 강이라고 하는지 이해가 될 만큼 별들이 많았습니다. 마침 그때 저희 팀 중에 대학생 때 별을 공부하는 동아리에 있던 자매가 있어서 더욱 재미있게 별들을 관찰할 수가 있었습니다. 그때 누구라도 할 것 없이 동시에 평상에 있던 지체들이 한목소리로 이렇게 외치는 것이었습니다. "별똥별이다!" 별을 보고 있던 저희 팀의 눈에 하늘 이편에서 저편을 가로지르면서 사라지는 유성들이 보인 것이었습니다. 하나도 아니고 5-6개 정도의 유성들이었지요. 얼마나 아름답던지요! 저는 그 광경이 너무 아름다워서 미처 소원을 비는 것을 깜빡하고 말았습니다. 아니, 저만 아니라 많은 지체들이 그랬습니다. 왜요? 유성의 아스라이 사라지는 모습이 너무나 아름다웠기 때문입니다. 그때 이런 생각을 해 보았습니다. '별도 참 아름답지만 유성은 정말 아름답구나!' 왜 유성이 별보다 아름답다고 느껴질까요? 그것은 순간적으로 자신의 모든 것을 불태우고 한줌 재가 되어 허공으로 사라지기 때문이 아닐까요? 그때 잠시 든 생각입니다. '하늘의 별처럼 빛나는 삶도 의미 있지만 유성처럼 밝게 빛나다가 사라지는 삶도 의미가 있지 않을까?' 잭 런던이라는 분이 이런 글을 남겼습니다. 한번 잘 들으시고 깊이 묵상해 보시기 바랍니다.

"나는 먼지보다 재가 되기 원한다. 나는 건조와 부패로 인해 질식하여 죽기보다는 생명의 불꽃으로 나를 태워 빛나는 한줄기의 타오르는 불길이 되고 싶다. 나는 잠자는 영원한 위성이 되기보다는 거대한 불꽃으로 나의 모든 것을 불태우는 눈부신 유성이 되고 싶다. 인간고유의 본질적 기능은 단순히 존재하는 것이 아니라 삶을 살아가는 것이다."

우리의 인생살이에 대해 깊이 묵상케 하는 말이 아닐 수 없습니다. "잠자는 영원한 위성보다는 모든 것을 불태우는 유성이 되고 싶다. 인간고유의 본질적 기능은 단순히 존재하는 것이 아니라 살아가는 것이다." 이 구절이 가슴속에서 공명되어 울리는 경험을 하게 되었습니다. 그리고 제 안에 이런 간구가 생겨났습니다. "하나님! 나도 유성이 되고 싶습니다." 이런 간구를 가지고 제가 쓴 시가 있습니다. 소개하지요.

유성이 되고 싶다.
차디찬 검푸른 하늘가
흰색 불꽃 한 줄기 어두움을 태운다.

인생은 단순히 존재함이 아니라고
인생의 본질은 살아가는 것이라고
제 온 몸 활활 태워 온 몸으로 시위하며

찬란하고 비장하게
궤적 하나 남겨 놓고
아스라이 빈 공간으로 사라져 간다.

그 궤적 따라가던 눈동자 하나
어느덧 그 안에
불꽃 하나 일렁인다.
유성 불똥 하나가
눈동자로 떨어졌다.

제 안에는 유성처럼 살고 싶은 소원이 있습니다. 그것은 인생이 존재자체가 목적이 아니라 살아가는 것이라는 것을 깨달았기 때문입니다. 바로 오늘 이 말씀은 저와 같이 유성처럼 자신의 삶을 재료로 삼아 활활 태워서 삶을 살기를 원하는 분들을 위한 것입니다. 그냥 별처럼 영원히 살겠다는 분들에게는 참고는 될지언정 은혜는 되지 못할 말씀일지 모릅니다. 하지만 제 안에 거룩한 소원이 있습니다. "이 말씀을 받는 모든 자들도 유성과 같이 타오르게 하여 주시옵소서! 하나님을 위해, 하나님의 나라를 위해, 자신이 진정으로 사랑하는 모든 것들을 위해."

왜입니까? 그 안에 거룩한 열정이 끊임없이 타오르지 않는 신앙인을 통해서는 하나님은 아무것도 하실 수가 없기 때문입니다. 여러분은 일자무식 갈릴리 어부 출신 베드로를 예수님이 왜 그의 수석제자로 부르셨다고 생각하십니까? 그의 열정 때문입니다. 예수님이 부르시면 배와 부모를 버려두고 떠날 수 있는 열정이 있었기 때문입니다. 마찬가지로 바울을 부르심도 그의 열정 때문이었습니다. 아무나 다메섹으로 한낮에 말을 달려 그리스도인을 잡으려 하지 않습니다. 생각해 보세요? 누가 돈을 줍니까? 아니오! 그렇다고 명예나 권세가 올라갑니까? 아니오! 그리스도인들에게 살인마라고 욕이나 안 먹고 원수나 안 생기면 다행이지요. 그런데 그 한낮의 땡볕을 감내하고 자기 돈 축내가며 자기 시간 축내가며 자기 건강 축내가며 바울이 왜 다메섹으로 그리스도인을 잡으러 갑니까? 열정입니다. 비록 유대교에 대한 잘못된 열정이었지만 열정만큼은 특심했기 때문입니다. 바울이 자신의 열심에 대해 직접 증거하는 말이 있지요. 갈라디아서 1장 14절입니다.

　　"내가 내 동족 중 여러 연갑자보다 유대교를 지나치게 믿어 내 조상의 유전에 대하여 더욱 열심이 있었으나" (갈1:14)

누구보다도 열정만은 자신 있었다는 것입니다. 그렇기에 하나님은 바울을 그의 일꾼으로 삼으신 것입니다. 자고로 열정 없이 하나님의 일꾼이 된 사람은 하나도 없습니다. 그런데 이것은 어쩌면 당연한 결과인지 모르겠습니다. 하나님 자체가 열정적인 분이시기 때문입니다. 성경은 곳곳에서 하나님의 열정을 이야기하시지요. 이사야 9장 7절이 무엇이라 합니까?

　　"그 정사와 평강의 더함이 무궁하며 또 다윗의 위에 앉아서 그 나라를 굳게 세우고 지금 이후 영원토록 공평과 정의로 그것을 보존하실 것이라 만군의 여호와의 열심이 이를 이루시리라" (사9:7)

이것이 은혜가 됩니다. 하나님의 열정이 우리의 구원의 근거가 된다는 말입니다. 열정적인 하나님이 우리를 연약함 가운데 그저 방치해 두실 리 없기 때문입니다. 예수님도 이런 열정을 행동으로 보여주신 적이 있지요. 바로 성전을 청결하게 할 때이십니다. 언제나 온유하시기만 할 것 같은 예수님이 불과 같이 진노하시며 노끈으로 채찍을 만들어 성전에서 장사하는 자와 돈 바꾸는 자들의 상을 엎으시고 그들을 내 모십니다. "내 아버지의 집을 강도의 소굴로 만들지 말라" 호통하시면서 말이치요. 이런 예수님의 모습을 보고 제자들이 성경 말씀을 떠올립니다. 요한복음 2장 17절이지요?

> "제자들이 성경 말씀에 주의 전을 사모하는 열심이 나를 삼키리라 한 것을 기억하더라." (요2:17)

이런 열정이 넘치시는 하나님이, 열정 없이 밍밍한 사람들을 자신의 일꾼으로 부르시겠냐는 것입니다. 어림도 없지요? 그렇기에 열정이 중요합니다. 그런데 문제는 너무나 많은 신앙인들이 자신도 모르는 사이에 열정이 식어 버리거나 열정이 왜곡되거나 되어 버렸다는 것입니다. 그래서 열정 없는 신앙인을 찾는 것이 어려워야 함에도 불구하고 반대로 작금의 현실은 열정 있는 신앙인을 찾는 것이 더욱 어려워져 버렸습니다. 아니 냉소주의자가 안 된 것만도 감사해야 할 판입니다. 물론 이런 열정을 이야기하면 이렇게 대답하는 분들이 많습니다. '누군 열정 없어 봤나? 나도 한때는 불의 사람이었다구. 지금은 비록 살기가 너무 힘들어서 열정이 다 사그라졌지만 그래도 나도 열정이 무엇인지는 안다고?' 맞습니다. 신앙인 중에서 열정이 아예 처음부터 없던 사람은 없을 것입니다. 정말 그런 사람이 있다면 그 사람은 아직 거듭나지 못한 사람일 가능성이 높겠지요. 그런데 누구든지 열정에 불타던 때는 있었지만 어떤 사람은 30분 동안, 어떤 사람은 30일 동안, 또 어떤 사람은 3개월, 혹은 3년 동안만 열정을 가졌다는 것입니다. 그런데 누가 그러더군요. '인생에 있어서 성공하는 자는 적어도 30년 동안은 열정을 가져야 한다.' 즉 일평생 열정을 가져야 한다는 것입니다. 이것이 문제라는 것입니다. 당연히 신앙생활이 성공할 리가 없지요. 이제 자신을 돌아봅시다. 얼마나 열정이 지속되었던가요? 3일, 30일, 3개월, 3년? 하나님께 대한 열정이 아직도 지속되고 있는 분은 하나님께 감사하십시오. 쉬운 은혜가 아닙니다. 큰 은혜입니다. 하지만 그 열정이 식어버리거나 왜곡되어서 열정의 흔적을 사진첩이나 기억에서만 찾아야 하는 분이 있다면 이제 기도해야 할 것입니다. "주님! 나로 열정을 회복시켜 주십시오."

우리 그리스도인들이 열정을 잃어버린 비참한 모습을 『영적인 열정을 회복하라』라는 책에서 이런 비유로 설명하더군요. '나무로 만든 오래된 다이너마이트 상자'라고. 무슨 뜻입니까? 이 상자는 19세기에 만들어졌는데 안에는 폭발성의 내용물이 운송될 때의 충격에 견딜 수 있도록 아주 잘 만들어졌답니다. 그리고 뚜껑에는 빨강과 검정의 큰 글자로 '위험, 다이너마이트'라고 써져 있고요. 그런데 실상 그 뚜껑을 열어보면 그 안에는 어느 곳에서나 볼 수 있는 잡동사니들로 가득 차 있더라는 것이지요. 이것이 시사하는 바가 무엇입니까? 다이너마이트와 같은 엄청난 파괴력을 가진, 그 파괴력으로 주변을 변화시킬 수 있는 힘을 가진 열정을 우리의 육체에게 주셨건만 우리는 우리의 육체 안에 하나님과 상관없는 내 자신만을 위한 잡동사니들로만 채우고 있다는 것입니다. 당연히 주변을 변화시킬 힘도 상실되고 만 것입니다. 이것이 바로 열정을 잃은 우리의 모습이라는 것입니다.

우리에게 주신 열정은 힘이 있습니다. 파괴력이 있습니다. 그 열정은 마치 다이너마이트와 같아서 복음으로 심지에 불을 붙여 세상에 던지기만 하면 주변을 복음으로 완전히 초토화시킬 수 있는 놀라운 능력을 가지고 있습니다. 그런데 열정의 다이너마이트는 다 버려버리고 잡동사니들만 가득 채워놓고 있으니 무슨 복음의 능력이 나타날 것이며 복음의 파괴력을 세상이 무서워하겠습니까? 세상에 웃

음거리나 되지 않으면 그나마 다행이 아닐 수 없지요. 그렇기에 하나님은 오늘도 그 불꽃같은 눈으로 그 심령 안에 열정의 불을 활활 태우고 있는 자가 있나 찾으십니다. 누가 그 안목에 들겠습니까?

2. 야곱의 열정의 근원은?

본문은 열정을 잃어버린 야곱에게 열정을 회복시켜 주시는 하나님의 모습을 보여줍니다. 무슨 말입니까? 우리 같이 성경 속으로 들어갑시다. 창세기 29장 18절부터 20절까지를 보겠습니다.

"야곱이 라헬을 연애하므로 대답하되 내가 외삼촌의 작은 딸 라헬을 위하여 외삼촌에게 칠 년을 봉사하리이다. 라반이 가로되 그를 네게 주는 것이 타인에게 주는 것보다 나으니 나와 함께 있으라. 야곱이 라헬을 위하여 칠 년 동안 라반을 봉사하였으나 그를 연애하는 까닭에 칠 년을 수일 같이 여겼더라." (창29:20)

본문의 내용은 이렇습니다. 형 에서의 살해모의를 피해 황급히 밧단아람의 삼촌의 집으로 도망간 야곱, 그는 드디어 밧단아람에 도착하여 지친 몸과 마음을 우물가에서 쉬고 있었습니다. 왜요? 일단 먹을 물이 있고요, 두 번째는 그곳이야말로 사람들의 소식을 쉽게 들을 수 있는 곳이기 때문입니다. 야곱의 입장에서 한번 생각해 보십시오. 삼촌 집에 왔긴 하지만 약 70년 동안 왕래가 전혀 없던 사이입니다. 그 사이에 무슨 일이 있었는지 또 어떤 상황에 있는지, 살고 있기는 한지, 또 어디에 사는지 전혀 예측이 불가능한 지경입니다.

이럴 때는 가장 정보가 많이 모이는 곳으로 먼저 가는 것이 좋겠지요. 그곳이 어디입니까? 바로 우물가입니다. 자고로 우물가는 동양이나 서양이나 할 것 없이 풍성한 정보들이 오고 가는 곳이니까요! 그것을 잘 알고 있던 야곱은 우물가로 갑니다. 그리고 그곳에서 야곱은 삼촌 라반의 소식을 묻습니다. 그때 마침 바로 라반의 딸 라헬이 양을 몰고 오게 됩니다. 이것이 야곱에게는 얼마나 큰 감동을 주었던지요. 그는 놀라운 초능력을 발휘합니다. 10절을 보십시오.

"야곱이 그 외삼촌 라반의 딸 라헬과 그 외삼촌의 양을 보고 나아가서 우물 아구에서 돌을 옮기고 외삼촌 라반의 양떼에게 물을 먹이고" (창29:10)

라헬이 양에게 물을 먹이러 오는 것을 본 야곱이 우물 아구의 돌을 옮겨놓고 외삼촌 라반의 양떼에게 물을 먹입니다. 그런데 이 우물 아귀의 돌은 장정 혼자서는 절대로 움직일 수 없는 돌이라는 것을 아십니까? 그것을 어찌 압니까? 8절을 보십시오.

"그들이 가로되 우리가 그리하지 못하겠노라 떼가 다 모이고 목자들이 우물 아구에서 돌을 옮겨야 우리가 양에게 물을 먹이느니라." (창29:8)

라헬이 오기 전 야곱과 말을 건네던 목자들에게 야곱이 말을 합니다. "기다리기 지루하니 사람들이 오기 전에 먼저 양에게 물을 먹이라!" 그때 그들이 무엇이라 말합니까? "양떼가 다 모이고 목자들이 돌을 옮겨줘야 물을 먹을 수 있다."고 이야기합니다. 여러 가지로 해석이 가능하지만 이 말은 '돌이 너무 무거워서 혼자의 힘으로는 도저히 옮길 수가 없고 여러 사람이 힘을 합해야 옮길 수 있는 돌이기에 사람들을 기다린다.'는 의미로 해석이 되기도 합니다. 아마도 귀중한 식수자원을 보호하기 위해 되도록이면 큰 돌을 가져다가 덮었을 가능성이 큽니다.

그렇기에 초능력이라는 것입니다. 야곱은 그 무지막지한 돌을 혼자 힘으로 옮기고 있기 때문입니다. 어떻게 이런 힘이 야곱에게 생겨나고 있는 것일까요? 어떤 주석가는 이 부분에 대해 야곱이 쉽게 삼촌의 딸을 만난 감격에 저도 모르게 흥분하여 초능력을 발휘하고 있다고 이야기하고 있고요, 또 어떤 주석은 한 술 더 떠서 야곱이 자신의 아내가 될지 모르는 라헬을 만난 흥분에 자신도 모르게 무리해서 돌을 옮겼다고 해석하기도 합니다. 이것도 충분히 일리가 있는 해석입니다. 왜냐하면 속사정이야 어떻든 외부로 알려진 야곱의 공식적인 밧단아람으로의 여행의 목적은 결혼이었기 때문입니다. 창세기 28장 1-2절을 볼까요? 이삭이 밧단아람으로 가는 야곱을 불러 명한 내용입니다.

> "이삭이 야곱을 불러 그에게 축복하고 또 부탁하여 가로되 너는 가나안 사람의 딸들 중에서 아내를 취하지 말고 일어나 밧단아람으로 가서 너의 외조부 브두엘 집에 이르러 거기서 너의 외삼촌 라반의 딸 중에서 아내를 취하라" (창28:2)

그렇기에 라헬을 봤을 때, 그것도 한눈에 반할 만큼 섹시한 라헬을 보았을 때 야곱이 흥분한 것입니다. '이 처녀가 나의 아내가 될지 모르겠다.' 그러니 잘 보이고 싶었겠지요. 자고로 남자가 여자 앞에서 잘 보이려면 어떻게 합니까? "남자는 힘"이 아닙니까? 그렇기에 야곱은 자신의 남성미를 힘으로 과시하고 있는 것입니다. 우리는 이런 야곱의 흥분상태를 또 다른 구절에서 확인하게 됩니다. 11절입니다.

"그가 라헬에게 입 맞추고 소리 내어 울며" (창29:11)

지금 야곱이 라헬을 만난 감격에 감정이 복받쳐 올라 라헬에게 입 맞추고 라헬을 껴안고 소리 내어 울고 있다는 것입니다. 그런데 이런 야곱의 행동은 사실 황당하기 그지없는 행동입니다. 왜냐하면 이스라엘에서는 결혼 전에 절대로 남녀가 입을 맞추지 않았기 때문입니다. 물론 형제간과 부모 자식 간에는 입을 맞추긴 합니다. 하지만 성경 아가서와 잠언 7장 13절의 음녀의 입맞춤을 제외하고 남녀의 입맞춤은 없습니다. 랍비의 문헌 규정에서도 "모든 입맞춤은 높은 지체, 이별과 재회, 이 세 가지를 제외하고는 건전치 못하다"고 말하고 있음을 보게 됩니다. 그렇기에 본문의 야곱의 행동은 상상을 초월하는 행동입니다. 한마디로 오버 중의 오버지요. 라헬 입장에서도 한번 생각해 보세요. 갑자기 70 먹은 수염이 더부룩하고 땀에 찌든, 생전 처음 보는 남자가 자신은 아버지의 조카라고 하면서 괴력을 발휘해 우물가의 돌을 치워버립니다. 이런 경우 감사하기보다는 겁이 나겠지요. 그리고 와서는 울면서 자신을 덥석 안고는 입맞춤을 합니다. 여러분이 라헬 입장이라면 어쩔 것 같습니까? 기절초풍하겠지요! 이때의 라헬의 나이는 많아봐야 20세 안쪽입니다. 지금 야곱이 얼마나 흥분되어 있는지, 얼마나 오버하고 있는지를 짐작케 됩니다. 왜 이렇게 야곱이 흥분하고 있는 것입니까? 좀 전에 설명했듯이 라헬 때문입니다. 물론 친척을 만난 기쁨도 크겠지만 그것 때문에 이렇게 초능력을 발휘하고 오버하지는 않을 것 같습니다. 아마도 가장 큰 이유가 라헬이지 않나 싶습니다. 생각해 보십시오. 고생 고생하면서 삼촌 집까지 오면서 야곱이 무슨 생각을 했을까요? 어떤 처자가 있을까? 그런 생각을 하지 않았겠습니까? 당연하겠지요? 70 먹은 쉰 총각이 아내를 얻는다는 명목으로 밧단아람으로 가고 있기 때문입니다. 그런데 눈앞에 보이는 처자가 자신의 결혼 대상자인데 한

눈에 반할 만큼 섹시합니다. 당연히 흥분하지요? 대학 1년 때에 난생 처음 미팅을 나간 적이 있습니다. 그때 얼마나 긴장이 되고 떨렸는지요. 어떤 사람이 나올까를 생각하면서 며칠을 기대했던 적이 있습니다. 하물며 야곱은 더했겠지요. 그렇기에 야곱은 삼촌의 집에 거한 지 한 달쯤 되어 삼촌에게 요청을 합니다. '라헬을 아내로 주십시오. 그 대신 내가 7년 동안 삼촌을 위해 무상봉사하겠습니다.'

그런데 웃기지 않습니까? 아내를 달라고 하면서 7년 무상봉사는 또 뭡니까? 라헬이 마치 무슨 물건이나 되는 듯 라헬을 두고 거래가 성사되지요. 그런데 더 놀라운 사실은 이 7년을 야곱이 수일처럼 여겼다는 것입니다. 라헬을 연애하는 까닭에 말이지요. 놀라운 일입니다. 결혼 안 한 자매들은 아마 대부분 이런 형제를 만나고 싶다는 소원을 가지고 있을 것입니다. 나를 위해 7년 무상봉사를 수일처럼 여길 수 있는 열정적인 사랑을 가진 형제, 낭만적으로 보이지 않습니까? 사실 저도 예전에는 야곱이 대단하다는 생각을 가져 보았습니다. 7일이나 7주면 모를까 아니 길게 잡고 7달이면 또 모를까 7년이란 세월은 너무 길어 보이기 때문입니다. 그런데 그 7년을 수일처럼 여겼다는 야곱의 모습은 존경스럽기까지 합니다. 70이 넘은 야곱의 열정적인 사랑에 감탄할 뿐이지요.

여기서 우리가 깊이 생각해 봐야 할 것이 있습니다. 이런 야곱의 열정은 대체 어디서 나온 것일까요? 사실 야곱의 라헬에 대한 사랑은 지극히 육적인 안목에 의한 사랑이었습니다. 라헬이 섹시하다는 이유 하나만으로 야곱은 우상숭배에 찌들어 있던 라헬을 사랑한 것입니다. 이런 경우, 보통 그 사랑의 열정이 유지되는 기간이 얼마나 될까요? 과학자들이 그러더군요. 우리 인간이 사랑을 느끼는 과정은 뇌에서 조정하는 호르몬 때문이라고. 많이들 들어보셨지요. 먼저 상대를 만나서 그 상대에게 호감을 느끼기 시작하면 도파민이라는 호르몬이 분비가 됩니다. 도파민이 분비가 되면 그 상대의 뒷모습만 보아도 기분이 좋아지지요. 그러나 도파민만 분비가 되고 다른 호르몬의 분비가 되지 않는다면 그 사랑은 짝사랑이 될 수밖에 없습니다. 그 단계가 지나서 서로에 대해 사랑에 빠졌을 때에 분비되는 호르몬은 페닐에틸아민입니다. 이 페닐에틸아민은 인간의 중추신경계를 자극하는 호르몬이기 때문에 페닐에틸아민으로 인하여 사랑을 제어하지 못하고 그 사랑을 표현하려 하며 그 표현이 제대로 이루어지지 않으면 사랑의 열병을 앓기도 합니다. 이때 조심해야 할 것이 있습니다. 그 불같이 타오르는 사랑의 마음을 이성으로 제어하지 못하면 흔히 말하는 사고를 치게 된다는 것이지요. 이때 바로 옥시토신이라는 호르몬이 분비가 되는데 이는 사랑하는 사람과의 접촉을 시도하게 하는 호르몬입니다. 그리고 이런 접촉으로 인하여 행복을 느끼고 결국에는 결혼의 문으로 들어갈 수 있는 상황까지 이끌어 주게 되는 것입니다. 그런데 이런 모든 과정이 얼마나 걸리는지 아십니까? 3년입니다. 그래서 흔히 하는 말이 있지요. ‘사귄 지 3년 이내에 결혼을 하지 못하면 그 결혼은 성공하기 힘들다.’ 이런 이야기가 그냥 나온 것이 아닙니다. 3년 정도 지나면 호르몬 분비가 끝나고 이때 이미 대다수의 남녀가 호르몬의 명령에 충실히 따름으로 인해 갈데까지 다 가기 때문입니다. 서로에게 이젠 성적인 흥미를 느끼지 못하게 된다는 것입니다. 이것이 바로 육적인 열정만으로 서로를 사랑하게 된 사람들이 겪는 아주 전형적인 모습입니다. 길어야 3년이지요. 그런데 야곱을 보십시오. 그는 정말 섹시함 한 가지만으로 라헬을 연모했고요 라헬과 결혼하려 했습니다. 그런데 그 사랑의 열정이 무려 7년이나 끊임없이 활활 타오르며 지속되고 있습니다. 7년간이나 뼈 빠지게 무상으로 고생해야 하는 악한 걸림돌이 있음에도 말입니다. 마치 야곱의 열정은 우리의 현대 과학의 모든 연구를 비웃

듯이 끊임없이 솟아나오는 열정의 샘물을 가진 것 같습니다.

여기서 중대한 질문을 던질 수가 있습니다. 과연 이 야곱의 열정은 어디에서 솟아나오고 있는 것일까요? 바로 하나님이십니다. 잘 들으십시오. 나이 70이 될 때까지 야곱이 왜 장가를 가지 않고 있었을까요? 그의 형 에서는 40세에 장가를 갔는데 말입니다. 그는 자기가 알아서 부모가 시키지도 않았는데 척척 아내를 데리고 오지 않습니까? 그것도 두 번에 걸쳐 세 명의 아내를 데리고 옵니다. 이런 에서를 보면서 경쟁심이 강한 야곱은 그냥 있습니다. 이상하지요? 에서가 왜 빨리 결혼을 하려 합니까? 자손이 번성해야 족장의 체통과 힘이 서기 때문입니다. 그 당시의 자녀의 많음은 곧 족장의 경제력과 군사력과 직결되기 때문입니다. 그런데 보십시오. 지금 한창 에서와 경쟁관계에 있어야 할 야곱이 이 부분에서는 전혀 경쟁할 생각도 안하고 있습니다. 이것이 의미하는 바가 무엇일까요? 바로 야곱의 열정이 식어 가고 있다는 것입니다. 야곱, 그는 천성이 종용한 자입니다. 그런 야곱 안에 하나님이 주신 비전이 들어갔습니다. 그 비전 덕분에 야곱은 형 에서와 경쟁하며 삶을 준비하고 자신을 성숙시켜 나갈 수 있었습니다. 그리고 드디어 30세 때 팥죽 한 그릇으로 형의 장자권을 사는 데 성공합니다. 그런데 그 후 큰 실망이 야곱에게 다가옵니다. 어떤 변화도 삶에서 일어나지 않았다는 것입니다. 그토록 애를 쓰고 수고해서 갈망하던 장자권을 샀건만 아무런 변화도 없습니다. 그리고 형 에서는 그날의 일을 아예 없는 것으로 만들려고 힘으로 협박을 한 상태입니다. 이때 보통 사람은 어떤 상태에 빠집니까? 실망과 탈진의 상태에 빠지게 됩니다. 1980년에 심리학자 레빈슨이라는 분이 「임원들이 탈진할 때」라는 제목의 논문을 썼습니다. 그 논문에서 그는 이런 결론을 내립니다. 경영자들이 언제 탈진하는가 하면 자신들이 거의 가시적인 성과를 내지 못할 때 자신의 에너지가 고갈되었다고 느끼게 된다는 것입니다. 저는 이런 탈진의 느낌을 정말 잘 압니다. 저도 딱 그러니까요. 제가 가장 탈진되었다고 느낄 때가 제 사역에 어떤 열매가 나타나지 않는다고 스스로 자인할 때입니다. 아무리 애를 써서 설교를 하고 말씀을 가르쳐도 변화가 나타나지 않을 때, 아무리 부흥을 위해 기도하고 독려해도 제자리걸음만 하고 있을 때 탈진되는 느낌을 받습니다. 얼마 동안은 아무것도 하기 싫습니다. 의욕상실, 열정의 불은 소리 없이 사그라진 지 오래가 되어 버립니다.

바로 야곱이 그런 상태에 빠진 것입니다. 그 기간이 무려 40년이나 지나갔습니다. 아무리 야곱이 열정이 철철 넘쳤던 사람이라도 40년의 아무런 변화 없는 시간은 그를 얼음인간, 냉소적인 인간으로 만들기 충분한 시간이었습니다. 우리는 40년의 시간의 위력이 어느 정도인지를 모세를 통해 알게 되지요. 그 마음에 민족을 구원할 원대한 비전을 품고 있던 잘 나가던 애굽의 왕자 모세를 40년이라는 미디안 광야에서의 시간이 어떻게 변모시켰습니까? 나는 아무것도 할 수 없는 존재라고 자신의 능력 없음을 내세워서 어찌하든지 하나님의 부르심에서 회피해 보려고 하는 말도 더듬거리는 촌로로 변모시키지 않았습니까? 결국 하나님이 모세의 계속된 뺀질거림에 노를 발하시지요. 40년의 세월이 이토록 무서운 것입니다. 40년 동안 야곱은 모든 비전과 열정이 그의 내면 깊숙이 숨어들어가 버렸습니다. 그리고 그는 냉소적인 사람이 되어버린 것입니다. 그렇기에 이런 상태로는 이스라엘의 조상이니, 열방의 축복자니 하는 하나님의 비전은 야곱을 통해서는 실현 불가능한 것이 되어 버린 것입니다. 하나님은 비전과 열정을 잃어버리고 냉소적이 된 사람을 통해서는 절대 일하시지 않기 때문입니다. 지금도 하나님은 마찬가지로 냉소주의자는 곁에 두지 않으십니다. 왜요? 냉소주의자는 모든 일에 대해 치러야 할 대가는 알지만, 그 가치는 전혀 모르는 사람이기 때문입니다. 이들은 모든 일에 다 그렇습니다. 장자권을 얻기 위해 치러야 할 대가는 압니다. 하지만 그 대가를 치르고 얻을 장자권의 가치는 모릅니다. 제자가 되는 것에 대한 대가는 압니다. 하지만 그 제자 됨의 가치는 모릅니다. 헌신의 대가는 압니다. 하지만 그 가치는 모릅니다. 사랑의 대가는 압니다. 하지만 그 사랑의 가치는 모릅니다. 용서의 대가는 압니다. 하지만 그 가치는 모릅니다. 매사가 다 이러니 당연히 냉소주의가 되는 것입니다.

어쩌면 지독한 냉소주의에 빠져버렸을 야곱! 그를 이제 다시 열정의 사람으로 만들어야 할 필요가 하나님께 있습니다. 그리고 사건이 터진 것입니다. 아버지 이삭이 돌연 이상한 행동을 합니다. 자신이 죽을 것 같은데 죽기 전에 별미나 실컷 먹고 에서에게 장자권의 축복을 해 준다는 것입니다. 그런데 이것이 얼마나 그 당시 관습에 어긋나는 행동입니까? 비밀리에 둘만 몰래, 그것도 아내에게까지 몰래 하는 장자축복은 없기 때문입니다. 그런데 더 황당한 것이 있는 것을 혹시 아십니까? 분명 이삭은 곧 죽을 것 같아서 별미나 실컷 먹고 죽겠다고 합니다. 그것이 이삭이 내세운 이유입니다. 창세기 27장 4절을 볼까요?

> "나의 즐기는 별미를 만들어 내게로 가져다가 먹게 하여 나로 죽기 전에 내 마음껏 네게 축복하게 하라" (창27:4)

그런데 이런 이삭이 글쎄 몇 살까지 사는지 아십니까? 180세입니다. 야곱의 나이 이때가 70세쯤이고 60세에 야곱을 낳은 이삭이고 보면 이 일은 이삭이 130세 때에 일어난 일입니다. 즉 이삭은 그 뒤 50년을 더 살았습니다. 바로 죽을 것 같다는 사람이 50년을 더 삽니다.

웃기지요? 아마도 이삭은 진짜 죽을 것 같이 느꼈는지 모릅니다. 누구 때문에? 하나님의 섭리겠지요. 그리고 이 일로 인해 40년 동안이나 수면 밑으로 가라앉아 있던 장자권 문제가 갑자기 수면 위로 부상하게 됩니다. 이때 조급함으로 들고 나선 것이 어머니 리브가지요. 처음에 야곱은 어머니가 아버지를 속이자는 말에 거부의 의사를 표시합니다. 복은 고사하고 저주를 받을 것 같아 싫다는 것이지요. 그러자 어머니가 강하게 나옵니다. 네가 받을 저주는 내가 다 받을 테니 너는 나만 믿고 따르라는 것입니다. 이것만 보더라도 이때의 야곱은 장자권에 대한 열정 자체가 식어 버렸다는 것을 확인하게 됩니다. 열정이 타오르고 있었다면 아마 먼저 어머니에게 해결책을 가르쳐 달라고 했겠지요. 거절하지는 않았을 것이기 때문입니다. 이것도 재미있습니다. 이삭이 은밀하게 진행시키려 한 일을 리브가 우연히 안 사실이나 그 사실을 듣고 리브가 남편을 속이면서까지 야곱을 세우려 한 것이나 예삿일이 아닙니다. 하나님의 계획하심이라는 느낌을 지울 수 없습니다. 그리고 결국 야곱은 밧단아람으로 옵니다. 그런데 참 신기하게도 오자마자 야곱은 그의 아내 될 라헬을 만나고요, 만나자마자 라헬에게 한눈에 반해 버립니다. 종용한 야곱에게 전혀 어울리지 않는 오버까지 하면서 말이지요. 그리고 또 놀라운 것은 나이 70세의 노인과 나이 20도 아직 되지 않은 섹시한 라헬이 서로 눈이 맞았다는 것입니다. 무려 50년이 넘게 나는 차이입니다. 아무리 고대라지만 세대차도 있고 쉽게 눈이 맞을 나이가 아닙니다. 옛말에 늙은 소 여린 풀 마다하랴라는 속담이 있듯이 늙은 야곱이 젊은 라헬을 좋아하는 것은 이해가 갑니다. 하지만 라헬이 야곱을 좋아했다는 것은 이해가 되지를 않습니다. 그런데 그 일이 가능했다는 것입니다. 하나님의 계획하심과 인도의 냄새가 찐하게 나지요. 그런데 하나님의 계획과 인도하심의 냄새는 바로 그가 7년을 수일 같이 여기면서 봉사할 정도로 라헬을 사랑했다는 것에서 더욱더 확실하게 풍깁니다. 아까도 이야기했듯이 기적과 같은 일이기 때문이지요. 그렇기에 말하는 것입니다. 하나님이 이런 마음과 환경들을 아주 세심하고 세밀하게 계획하고 이끌어주셨다. 이것이 은혜가 됩니다. 왜요? 하나님은 이미 이럴 것이라고 야곱에게 벧엘에서 약속하셨기 때문입니다. 우리 같이 창세기 28장 15절을 읽을까요?

"내가 너와 함께 있어 네가 어디로 가든지 너를 지키며 너를 이끌어 이 땅으로 돌아오게 할지라. 내가 네게 허락한 것을 다 이루기까지 너를 떠나지 아니하리라 하신지라" (창28:15)

하나님이 약속을 이루시기 전에는 절대로 야곱을 떠나지 않고 지키며 그를 철저하게 인도해 주시겠다는 약속입니다. 바로 하나님은 이 벧엘의 약속대로 야곱의 삶을 아주 세밀하고 세심하게 계획하시고 인도하신 것입니다. 그런데 이 하나님은 또 우리의 하나님이십니다. 이 약속은 또 우리의 약속이기도 합니다. 그렇기에 은혜입니다. 하나님은 우리도 반드시 세밀하게 계획하신 길로 인도하실 것이기 때문입니다. 믿으시기 바랍니다.

여기서 진짜 중요한 질문을 던질 수 있습니다. '왜 하나님은 야곱이 라헬을 열정적으로 사랑하도록 만드신 것일까요?' 왜이겠습니까? 바로 잃어버린 열정의 회복입니다. 인간에게 삶의 활력과 열정을 주는 가장 강력한 힘 중에 하나는 바로 사랑의 열정입니다. 이 사랑의 열정마저 없어지면 그때는 하늘나라 가는 것입니다. 우리 인간을 움직이게 하는 가장 강력한 힘이지요. 특히 이것은 70 먹은 쉰 총각 야곱에게는 더욱더 강력한 힘이 되었을 것입니다. 70이 넘도록 혼자 살았으니 얼마나 밤들이 길었겠습니까? 이해가 되지요?

하나님은 야곱 안에 침투한 냉소주의를 몰아내기 원하셨습니다. 그리고 그 방법으로 가장 좋은 것이 사랑임을 아신 것입니다. 왜냐하면 사랑하면 모든 것이 바뀌기 때문입니다. 사랑하면 사람이 바뀝니다. 세상에 대해 지독한 냉소주의자도 얼굴에 봄바람이 돌고요, 세상을 아름답게 봅니다. 당연히 소망을 가지게 되고요 꿈을 꾸게 됩니다. 그와 함께 하는 꿈이지요. 그리고 당연히 예뻐지고 멋져집니다. 이상하지요? 단지 누군가를 사랑한 것뿐인데 내 전 존재가 변화되는 것을 경험하게 되는 것이 신기하기만 합니다. 하지만 이것이 사랑의 힘입니다. 이런 사랑의 힘에 대해 제가 쓴 시가 하나 소개하지요.

사랑의 힘

내가 웃었습니다.
다시는 웃을 수 없을 거라 생각했는데
빈 하늘을 보다 누군가가 떠올라
빙그레, 내가 웃었습니다.

내가 고민을 합니다.
여기 저기 가게를 기웃거리며 무엇을 살까
유치한 선물 가게 앞에서
갸우뚱, 내가 고민을 합니다.

내가 달력을 봅니다.
빨간 색연필을 들고 달력을 넘겨가며
누군가의 생일에다 크게 원을 그리며
흐뭇하게, 내가 달력을 봅니다.

내가 시를 씁니다.
발밑에선 수북이 폐지가 쌓여가고
한손은 안타깝게 머리를 쥐어짜지만

한 글자씩, 내가 시를 씁니다.

내가,
내 안에 갇혀 있던 내가
내 슬픔에 갇혀 있던 내가
내 분노에 갇혀 있던 내가
내 세계에 갇혀 있던 내가
이제 기지개를 켜며 세상으로 나옵니다.
아주 조심스럽게
하지만 물러섬이 없이
......

당신을 사랑하기 위해서입니다.

바로 이런 사랑의 힘을 하나님이 이용하신 것입니다. 야곱의 잃어
버린 열정을 회복시키려 하신 것이지요. 이것에 주목하셔야 합니다.
야곱의 육적인 사랑도 사실 하나님의 비전을 이루어 드리는 도구로
쓰이고 있고 마땅히 그렇게 되어야 했다는 것입니다. 마찬가지로 우
리의 사랑도 당연히 하나님의 비전을 이루어 드리고 우리 안에 식어
버린 열정을 회복케 하는 도구로 쓰여야 한다는 것입니다. 그런데
이런 것을 생각하는 분들이 거의 없습니다. 자신들의 사랑은 단지
행복한 가정을 이루기 위한 과정쯤으로만 이해를 합니다. 아닙니다.
그것은 사랑이라는 열정과 감정을 주신 하나님의 은혜를 반만 아는
것입니다. 하나님은 그 열정과 사랑의 감정을 통해 하나님께 대한
사랑과 열정도 회복하길 원하십니다. 우리 안에 식었던 하나님의 비
전도 다시 끓어오르시길 원하십니다. 그런데 우리는 오히려 반대지
요. 하나님께 대한 사랑과 열정이 있다가도 이성을 사귀게 되면 이
성에게 다 주느라 하나님께 대한 열정과 사랑은 싸늘해지지 않습니

까? 이런 관계를 하나님이 기뻐하실 리가 없습니다. 이것은 열정의 왜곡이며 타락입니다. 제가 가장 안타깝게 여기는 부분이 바로 이 부분입니다. 열정적으로 사랑하는 것은 좋습니다. 누가 말립니까? 그런데 왜 그 사랑을 자신들만의 만족과 행복을 위한 감정으로만 전유합니까? 이것은 횡령입니다. 하나님의 것을 마음대로 쓰는 것이니까요. 이 소중한 열정과 사랑은 반드시 우리 안에 하나님께 대한 사랑과 열정을 회복하는 데 사용되도록 해야 합니다. 저는 그런 경험을 합니다. 제 안에 사랑의 감정이 충만하고 열정이 뜨거워지면 정말 하나님께 대한 사랑과 열정도 회복되고요 당연히 주의 사역이 그렇게 재미있고 힘이 날 수가 없습니다. 그런데 사소한 감정싸움이라도 있는 날이면 모든 것에 다 의욕 상실, 억지로, 억지로 주의 사역을 하지요. 이것이 정상입니다. 그렇기에 여러분의 열정을 점검해 보십시오. 혹시 그동안 자신들 안에 있던 열정과 사랑을 자신들만의 행복을 위한 감정으로 오해하고 있지는 않았습니까? 그렇다면 이제 그 감정도 하나님이 주셨기에 하나님의 뜻을 위해 사용하겠다고 결단하십시오. 어떻게요? 하나님께 대한 열정과 사랑을 회복하고 하나님의 나라의 비전을 회복하는 에너지로 승화시켜 쓰겠다고 결단하십시오.

3. 왜곡된 야곱의 열정

그런데 문제는 많은 신앙인들의 열정이 왜곡된다는 것입니다. 오늘 본문의 야곱처럼 말이지요. 야곱을 보십시오. 하나님의 은혜로 그는 라헬에 대한 열정을 지켜나갔고 결국 7년의 세월이 지나갔습니다. 그리고 드디어 갈망하던 라헬과의 결혼식을 치릅니다. 그런데 이게 웬일입니까? 삼촌 라반이 준비된 일꾼 야곱의 노동력을 더 착취하고픈 욕심이 생깁니다. 그래서 라헬대신 레아를 신방에 들여보냅니다. 은은한 촛불만이 비치고 있을 텐트 안에서 대취한 야곱을 속이는 것은 일도 아니었지요. 더군다나 자매니 얼굴도 몸매도 닮았을 것이고 얼굴을 면박했을 것이 분명하니까요. 속이는 자 야곱이 속고 있는 기가 막힌 모습을 보게 됩니다. 심은 대로 거두는 야곱을 보게 되지요. 성경도 말씀하시지요. 갈라디아서 6장 7-8절 말씀입니다.

"스스로 속이지 말라. 하나님은 만홀히 여김을 받지 아니하시나니 사람이 무엇으로 심든지 그대로 거두리라. 자기의 육체를 위하여 심는 자는 육체로부터 썩어진 것을 거두고 성령을 위하여 심는 자는 성령으로부터 영생을 거두리라." (갈6:8)

아무튼 아침에 일어난 야곱은 기겁을 합니다. 옆에 누워있는 여인은 그가 그토록 사모하던 라헬이 아니라 레아였기 때문입니다. 당연히 야곱은 삼촌에게 항의를 합니다. 그때 라반이 이렇게 변명을 하지요. '우리 지방에서는 아우가 언니보다 먼저 시집가는 법이 없네. 그러니 7일 동안 남편의 의무를 레아에게 행하라. 그러면 7일 후에 라헬도 네게 주겠다. 대신 이번에도 라헬을 위해 7년 더 내게 봉사하라.' 그리고 야곱은 삼촌의 제의를 받아 들여 레아도 라헬도 함께 아내로 맞아들이게 됩니다. 그리고 계획에 없던 7년을 더 무상봉사하게 되지요.

여기서 우리가 놓치지 말아야 할 중요한 교훈이 있습니다. 하나님은 라헬에 대한 열정을 통해 야곱의 잃어버린 열정을 회복시키려 하셨건만 라반은 그 열정을 이용해 야곱의 노동력을 착취하고 그의 삶

을 무의미하게 만들며 다시금 열정을 쇠퇴시키려 하고 있다는 것입
니다. 보십시오. 처음 7년간의 야곱은 정말 7년을 수일처럼 신나게
일을 합니다. 왜요? 그것은 자기가 선택한 것이고 의미가 있는 일이
며 또 할 수도 있는 일이며 눈에 보이는 결과물들이 나올 일이기 때
문입니다. 미국 해군대학원 경영학 교수인 케네스 토마스 박사가 쓴
『열정과 몰입의 방법』이라는 책에 나오는 글입니다. 사람이 열정과
몰입에 빠지게 될 때 4가지의 조건이 충족이 된다고 합니다.

(1) 의미의 발견입니다. 자신이 가치 있는 일을 하고 있다는 느낌
이나 확신이지요.

(2) 선택의 인식입니다. 그 일을 할 때 자신에게 선택권이 있다는
느낌이 들면 열정과 몰입을 한다는 것입니다.

(3) 역량 자각입니다. 자신이 그 일을 할만한 기술과 지식을 갖추
고 있다고 확신될 때 열정과 몰입이 생긴다는 것입니다.

(4) 성과 확인입니다. 그 일을 해 나가면서 실제로 목표를 향해
나아가고 있다고 확인될 때 열정과 몰입이 생긴다는 것입니다.

처음 7년 동안 하나님이 주신 열정을 가지고 라헬을 위해 봉사하
던 야곱이 딱 이 경우에 해당되지 않습니까? 야곱은 라헬을 자신이
진정 사랑하고 있고 그녀와의 사랑을 이루기 위한 목적이라면 이 정
도의 시간을 투자하는 것은 가치 있는 일이라고 생각했음이 분명합
니다. 첫 번째 조건 충족이지요. 또한 그는 7년 봉사를 자신이 선택
했다는 확신을 가지고 있었습니다. 성경을 보면 라반이 아닌 그가
먼저 조건을 제시하고 있기 때문이지요. 두 번째 조건의 충족입니다.

세 번째로 야곱에게 라반의 양떼를 치며 집안일을 돌보는 것은 그가 70 평생 익히고 숙련해 온 그의 전공분야의 일이었기에 무엇보다도 자신감이 있는 일이었습니다. 세 번째 조건의 충족입니다. 마지막으로 야곱은 매일 하루하루 줄어가는 시간을 확인할 수 있었습니다. 시간은 가만히 두어도 흘러가니까요. 네 번째 조건의 충족이지요. 그렇기에 야곱은 7년을 수일처럼 여기며 열정과 몰입을 가지고 일을 할 수 있었던 것이었습니다.

그런데 두 번째 7년의 경우는 이야기가 달라도 한참 다릅니다. 이 경우는 야곱이 의미를 발견할 수 없는 일입니다. 이미 라헬과 레아를 얻었고 또 삼촌에게 억울하게 속아서 하고 있는 일이기 때문입니다. 그렇기에 의미 없는 일입니다. 피터블록이라는 사람이 이런 말을 했습니다. "중요한 일에 투자하고 싶은 갈망이 우리 모두에게 있다." 이것은 하나님이 주신 천성입니다. 그런데 무의미한 일에 삶을 투자하고 있다고 느낀다면 그 사람은 정말 의욕상실에 걸려 불행한 삶을 살 수밖에 없게 될 것입니다. 마치 영원히 멈출 것 같지 않은 회전목마를 탄 느낌이라고나 할까요. 얼마나 지루합니까? 차라리 다치는 한이 있어도 뛰어내리지, 못 견딜 것 같지 않습니까? 야곱이 겪고 있는 마음입니다. 또한 이 일은 야곱이 선택한 것이 아닙니다. 삼촌이 일방적으로 지방 관습을 핑계 삼아 강요하고 있는 것입니다. 사람이 스스로 무언가를 선택할 수 없게 될 때 나타나는 심적인 상처가 바로 자아감의 상실입니다. 그래서 권위적인 부모님 밑에서 자라난 아이들이 자존감도 낮고 비전도 못 가지고 자아정체성에 혼란을 가지게 되는 경우가 자아감을 상실했기 때문입니다. 바로 야곱이 그랬을 수 있다는 것입니다. 또 야곱은 노동력을 착취당하고 있다는 피해의식을 가졌을지도 모릅니다. 실제로 나중에 야곱은 그런 자신의 심정을 토로하지요. 창세기 31장 41절입니다.

"내가 외삼촌의 집에 거한 이 이십 년에 외삼촌의 두 딸을 위하여 십사
년, 외삼촌의 양떼를 위하여 육 년을 외삼촌을 봉사하였거니와 외삼촌
께서 내 품값을 열 번이나 변역하셨으니" (창31:41)

열 번이나 품삯을 안 줬다는 것입니다. 즉 10년 동안이나 주기로
한 품삯을 떼어먹은 것입니다. 얼마나 억울했을까요. 그래도 장인이
니 꾹 참은 것입니다. 힘도 없고요! 하지만 그 마음에는 노동력을
착취당하고 있다는 피해의식이 가득 차 있었겠지요. 사람이 무엇 때
문에 신이 나게 일을 계속 하는가를 연구했더니 이런 결론이 나왔습
니다. '사람은 유능하다는 느낌을 받는 데서 오는 즐거움을 체험하
기 위해 활동을 계속한다.' 마치 아이들에게 잘한다고 칭찬을 한 번
해 주면 계속 그 일을 집요하게 반복하듯이 말이지요. 그런데 유능
하다는 느낌이 아니라 착취라는 느낌이 들면 어찌 될까요? 만사가
다 하기 싫어지는 것입니다. 야곱이 딱 이 경우지요. 마지막으로 이
7년은 야곱에게는 뭔가 성과를 확인하고 볼 수 있는 시간이 아니었
습니다. 이미 아내는 얻었고 같이 살고 있습니다. 뭔가 이룩할 목표
가 없습니다. 마치 빚을 내서 다 쓰고 난 후 진 빚을 갚아가는 지루
함이라고 할까요? 빌린 돈이 현재 남아있으면 그나마 위안이 되겠지
요? 그런데 이미 다 써 버린 뒤에 빚으로만 남아 그것을 갚아야 한
다고 상상해 보십시오. 그 시간은 지루하고 괴로운 시간일 수밖에
없습니다.

보십시오. 두 번째 7년이 야곱에게 열정과 몰입이 될 만한 시간들
입니까? 아니오! 있던 열정도 깡그리 식어지고 사라지게 할 만한 일
이며 시간입니다. 그렇기에 성경은 처음 7년에 대해서는 야곱이 수
일 같이 여겼다는 보도를 해 주지만 두 번째 7년에 대해서는 다시 7
년을 라반을 위해 봉사했다고만 기록해 주고 있는 것을 보게 됩니

다. 즉 열정 없이 의무감으로 한 7년 봉사라는 것입니다.

여기서 주목해야 할 귀중한 통찰이 있습니다. 지금 기껏 야곱 안에 하나님이 살아나게 하신 열정이 삼촌 라반의 간교한 속임수에 의해 사그라지고 있는 것입니다. 바로 이런 간교한 라반은 마치 우리의 대적 사탄과 같습니다. 사탄은 하나님이 어렵게 우리 안에 다시 불 붙여 주신 열정을 어찌 하든지 왜곡해서 꺼지게 하려고 합니다. 그리고 실제로 수많은 신앙인들이 미지근한 채 다니거나 탈진하거나 아니면 얼음장 같이 차가운 마음으로 신앙생활을 합니다. 왜 이렇게 되었습니까? 사탄이 우리 안에 있는 열정을 왜곡시키고 꺼뜨렸기 때문입니다. 야곱의 경우는 삼촌 라반을 통해 그에게 무의미하고 무력하고 착취당한다는 느낌이 드는 7년을 강요당함으로 그랬지만 사실 사탄은 다양한 방법으로 영적인 무력과 냉소를 신앙인에게 가져다줍니다.

때로는 우리 안에 엄청난 일을 부여합니다. 쉽게 말해 일에 지쳐 탈진하게 만드는 것입니다. 우리는 이렇게 탈진해서 열정이 사그라진 불의 사자를 보게 되지요. 바로 엘리야입니다. 갈멜 산에서 혼자서 850명의 바알과 아세라 선지자들과 대항하여 하늘로부터 불을 내리게 해 그들을 이긴 불의 선지자 엘리야! 그가 그 엄청난 일을 마친 후에 바로 무엇이라고 고백합니까? "주님! 승리를 주셔서 감사합니다. 영광 받아주시옵소서." 이렇게 고백합니까? 아닙니다. 열왕기상 19장 4절입니다.

"스스로 광야로 들어가 하룻길쯤 행하고 한 로뎀 나무 아래 앉아서 죽기를 구하여 가로되 여호와여 넉넉하오니 지금 내 생명을 취하옵소서. 나는 내 열조보다 낫지 못하니이다 하고." (왕상19:4)

스스로 열심이 특심하다고 고백할 수 있을 정도로 불과 같은 열정을 가졌던 선지자 엘리야가 죽게 해달라고 부르짖습니다. 탈진과 고갈상태에 빠져있기 때문입니다. 왜요? 그가 감당하기 벅찬 큰일을 행했기 때문입니다. 기억하십시오. 너무 과도한 일을 행하면 누구나 탈진될 수밖에 없고요, 열정이 식을 수밖에 없습니다. 그렇기에 그것을 잘 아는 사탄은 우리가 감당하기 벅찬 일들을 우리에게 줍니다. 그리고 열심히 그것들을 주의 일이라 생각하다가 그만 탈진해 쓰러지고 열정이 사그라져 버립니다. 요즘에 제 마음속에 드는 구절이 하나 있습니다. '더 많이 일하나 즐거움은 줄어든다!' 예전에 비해 더 많이 일하나 오히려 즐거움은 줄어들고 있는 제 자신을 보지요? 무슨 증세입니까? 탈진해 가고 있다는 증세입니다. 이럴 때는 어찌해야 합니까? 쉬어야 합니다.

참 재미있는 이야기가 있습니다. "아프리카의 깊은 정글에서 한 여행자가 길고 힘이 드는 여행을 하고 있었습니다. 그는 많은 짐이 있었기에 한 부족의 청년들을 짐꾼으로 샀습니다. 그런데 첫날 이 원주민 청년들이 너무나 빨리 행군을 하는 것이 아닙니까? 이것을 본 여행자는 속으로 쾌재를 부릅니다. 이런 속도라면 생각보다 훨씬 일찍 목적지에 다다를 수 있겠군. 그런데 이게 웬일입니까? 그 다음 날이 되어 전날처럼 빠르게 행군할 것을 기대했는데 원주민들이 움직일 생각을 하지 않고 있는 것이었습니다. 황당한 여행자가 통역에게 묻습니다. 왜 출발 안 하냐고? 그때 통역이 이런 답을 해 줍니다. 그들은 첫날 너무나 빨리 행군했다는 것입니다. 그래서 그들의 정신이 육체를 따라 올 수 있도록 기다리고 있는 중이라는 것입니다. 의미 있는 이야기가 아닐 수 없습니다. 우리의 영혼과 육체가 결코 따로일 수 없다는 지혜가 담겨 있지요. 우리의 육체가 탈진했는데 정신은 생생하게 열정에 불탈 수 없다는 것입니다.

이처럼 사탄은 무의미한 일과 과도한 일들로 우리의 열정을 식게 만들뿐 아니라 때로는 우리의 마음에 환멸을 줘서 우리의 열정을 식게도 만들고 우리의 삶에 어려움을 주고 패배의 경험을 주어서 우리의 열정을 식게도 만들며 우리의 마음을 뒤틀어 버려서 열정을 식게도 만들어 버립니다. 여기서 중요한 질문이 생기지요? 우리가 이런 사탄의 공격에 어떻게 대처해야 할까요? 어떻게 해야 영적인 열정을 회복하고 유지하고 더욱 뜨겁게 할 수 있을까요?

4. 영적인 열정을 회복하라!

우리는 그 방법을 야곱의 경우에서 발견하게 됩니다. 야곱의 열정이 왜곡되기 시작하려던 때로 시간을 거슬러 올라간다면 어디쯤이 될까요? 비디오를 뒤로 돌려 봅시다. 아마도 삼촌 라반이 항의하던 야곱에게 제안을 할 때가 아닌가 싶습니다. 라헬을 취하고 7년을 더 일해 달라는 제안이지요. 만약 이 순간에 여러분이라면 어떻게 하셨을까요? 라헬 때문에 7년을 일했는데 여기서 포기하기는 너무 억울하니까 야곱처럼 레아와 라헬을 둘 다 얻고 7년을 또 일합니까? 그것이 최상의 방법입니까? 저는 그렇게 생각하지 않습니다. 비록 간사한 삼촌의 속임수에 넘어가서 원하지 않는 결혼을 했지만 그 결혼이 잘못되었다고 동생을 더 얻는 것은 옳은 일이 아닙니다. 대신 야곱은 세 가지를 선택할 수 있었을 것입니다. 이 결혼이 잘못된 결혼임을 인정하고 둘 다를 포기하든지 아니면 레아나 라헬이나 둘 중의 한 명만을 아내로 맞아들이는 것입니다. 포기하는 것은 다른 말을

할 필요도 없고 레아를 그냥 아내로 맞아들이는 것도 별 문제가 없
겠지요. 야곱과 라헬의 마음은 찢어지게 아프겠지만 그냥 살면 되니
까요. 하지만 라헬을 아내로 맞아들일 경우에는 일단 문제가 복잡해
집니다. 먼저 레아의 문제를 해결해야겠지요. 구약의 법에 의하면 결
혼한 여인을 함부로 버리지 못하게 되어 있습니다. 그런데 단 한 가
지 예외조항이 있습니다. 그것은 '수치 되는 일'입니다. 신명기 24장
1절입니다.

> "사람이 아내를 취하여 데려온 후에 수치 되는 일이 그에게 있음을
> 발견하고 그를 기뻐하지 아니하거든 이혼 증서를 써서 그 손에 주고
> 그를 자기 집에서 내어 보낼 것이요" (신24:1)

여기서 '수치 되는 일'이란 무엇을 말할까요? 음행? 아닙니다. 음
행은 발견 즉시 사형이기에 굳이 이혼까지 갈 필요가 없습니다. 그
럼요? 이것은 전적으로 남편의 주관입니다. 남편이 수치 된다고 생
각하면 수치 되는 일인 것입니다. 이런 명확한 기준이 없는 처사로
인한 여인의 피해가 속출하니까 예수님이 비판하신 것 아닙니까? 음
행한 연고, 죽일 일 외에는 이혼하지 말라는 것이지요. 그런데 야곱
의 경우는 다릅니다. 이것은 명백하게 남편에게 '수치 되는 일'이 충
분히 됩니다. 레아는 얼마든지 자신이 라헬이 아님을 밝힐 기회가
있었습니다. 그녀는 동생과 야곱과의 뜨거운 7년의 연애기간을 알고
있었습니다. 그렇기에 지금 동생 라헬이 얼마나 가슴 찢어지는 고통
을 겪고 있을지 뻔히 다 알고 있습니다. 자신이 목숨처럼 사랑하는
남자가 언니를 자신인줄 알고 속아서 첫날밤을 치르고 있습니다. 그
것을 아는 라헬의 심정이 어떠했을지를 너무나 잘 아는 레아입니다.
그렇기에 아무리 라반이 강제로 시켰다고 핑계를 댄다 하더라도 레
아의 공모죄는 결코 없어지지 않을 것입니다. 그리고 생각해 보십시

오. 7년을 하루같이 애타게 이날을 기다리며 라헬을 그리워하던 쉰 총각 야곱이 그 첫날밤에 얼마나 라헬의 이름을 부르며 사랑의 밀어를 속삭였겠습니까? 그때 레아는 밤새 라헬의 이름을 부르는 야곱에게 라헬인 척 대답하고 행동했을 것입니다. 철저하게 남편을 속인 것입니다. 그렇기에 류돌프 같은 성경학자는 그러더군요.

> "레아가 만일 고결하고 정숙한 여인이었다면 부친의 심한 억지를 무릅쓰고서라도 그 사실을 야곱에게 알렸을 것이다……분명 그녀는 자기 부친보다 죄책이 가볍다 해도 사기극을 완강히 반대하지 않았다는 점에서 결코 죄 없다고 말할 수 없다." ─류돌프

그렇기에 야곱이 원하기만 하면 그는 '수치스러운 일'의 죄목으로 인해 레아를 내칠 수 있었을 것입니다. 그리고 라헬을 얻기 위해 노력할 수 있었겠지요. 라반의 성향을 보면 어쩌면 또 7년을 더 봉사해야 했을지 모릅니다. 하지만 분명 그 7년은 앞의 7년처럼 수일처럼 여겨지는 7년이 다시 되었을 것입니다. 왜요? 사랑하는 사람을 위한, 그 사람과의 정결한 결혼을 위한 의미도 있고 자신이 결정한 선택도 있고 역량도 있고 결과도 있기 때문입니다. 결코 두 번째의 7년처럼 무의미한 열정을 죽이는 시간이 아니라 오히려 열정을 더욱 활활 타오르게 할 수 있는 7년이 될 수도 있었을 것입니다. 그리고 그는 자신의 열정이 왜곡되지 않고 정결하게 만들 수도 있었을 것입니다.

무슨 이야기입니까? 굳이 삼촌 라반의 제안대로 따를 필요가 없었다는 것입니다. 야곱은 자신의 사랑과 열정의 순수함과 정결을 위해 또 다른 결단을 내릴 수도 있었다는 것입니다. 그리고 그랬다면 아마 이후의 야곱의 일생은 엄청 달라졌을지 모릅니다. 그 뒤에 일어나는 험악한 가족 내의 비극과 난리가 애초에 방지될 수 있었을지

모릅니다. 물론 하나님은 레아나 라헬이 아닌 다른 여자를 통해서든지 아니면 레아를 통해서든지 아니면 라헬을 통해서라도 12지파의 아비가 되는 야곱의 축복을 베풀어 주셨을 것입니다. 바로 이것입니다. 이것이 바로 우리의 영적인 열정을 유지하고 왜곡되지 않게 하고 더욱 활활 타오르게 하는 방법입니다. 바로 "순결함과 정결함을 지켜나가는 것"입니다.

우리 안에 주신 영적인 열정이 계속 활활 타오르게 하기 위해선 거룩함이 있어야 합니다. 세속에 물들지 않고 세속의 삶을 거부하는 순결함과 거룩함이 있어야 합니다. 바로 여기에 우리의 문제가 있지요. 왜 우리 안에 거룩한 열정이 훨훨 타오르지 않습니까? 더러워졌기 때문입니다. 우리의 열정에 너무 많은 오염물질이 끼어 있기 때문입니다. 그렇기에 이제 우리 안에 있는 더러운 세상적인 욕심들 정욕들 자랑들 교만들 더러움들을 다 보혈의 피로 씻으십시오. 성령의 불로 태우십시오. 회개만이 이 모든 것을 가능케 합니다. 그러면 하나님이 우리 안에 꺼져 있던 열정을, 왜곡되어 있던 열정을 다시 불 일 듯 일으키실 것입니다. 물론 이런 결단에는 아픔이 있습니다. 자신을 부인하고 포기하는 아픔이 따를 것입니다. 하지만 여러분의 순결한 열정이 타올라 밝힐 빛은 온 세상을 비칠 것입니다. 수많은 영혼들을 어둠 속에서 구원해 낼 것입니다. 여기에 우리의 기도제목이 있습니다. "주여! 우리로 순결한 열정을 회복케 하여 주시옵소서!"

이제 정리합니다. 하나님은 열정을 잃어버린 야곱의 열정을 회복시킬 비밀스런 계획과 인도하심을 가지셨습니다. 하나님의 열정이 만드신 작품이었습니다. 그 하나님의 열정 덕분에 주저앉아서 냉소주의에 빠져있던 야곱이 드디어 열정을 회복합니다. 바로 라헬과의 불과 같은 열정이지요. 비록 이성 간의 사랑의 감정이지만 그 감정은 야곱 안에 있던 냉소주의를 몰아내기에 충분했고 야곱을 다시금 생동감 있는 비전의 사람으로 바꿀 수 있는 엄청난 힘이 되었습니다. 그런데 문제가 생겼지요. 삼촌 라반이 거짓으로 야곱의 모든 열정을 다시금 사그라지게 만들어 버린 것입니다. 결국 야곱은 다시금 주저앉고 말았습니다. 앞으로 쭉 뻗어 나갈 수 있었던 야곱이 147년의 험악한 인생을 살게 되는 결정적인 순간인 것입니다. 무엇을 야곱이 잘못했기 때문입니까? 그의 열정과 사랑의 순결함을 지켜내지 못했기 때문입니다.

그렇기에 이제 영적인 순결한 열정을 회복하십시오. 하나님은 그렇게 열정적으로 주를 찾고 바라고 주의 뜻을 이루기 위해 사는 자들을 찾으십니다. 그리고 그들에게 더욱 큰 은혜를 부어주실 것입니다. 이제 끓어오르는 자로 만족하시지 마시고 타오르시길 바랍니다. 새벽하늘의 유성처럼 하늘을 환히 비추며 자신의 빛을 발하는 삶을 살기 바랍니다. 그리하여 주변에 복음을 불을 지르는 자들로 서기 원합니다. 여러분이 가는 곳곳마다 복음의 불길이 타오르고 그 불길 앞에서 모든 죄악들이 타 죽고 모든 죄인들이 거듭나며 정결한 주의 불길로 인해 모든 사람들이 생명의 길을 밝혀 볼 수 있도록 그렇게 타오르시기 바랍니다. 이제 기도하십시오. "주여 우리로 불타오르게 하여 주시옵소서! 주여 우리로 불타오르게 하여 주시옵소서!"

제 5 장

야곱의 헌신 (창 31:36-42)

1. 헌신, 그 무거운 이름!

이번 주 화요일 주요 일간지 일면에 M.V.P 트로피에 입 맞추는 큰 사진과 함께 그의 성공기가 자세히 실린 한국계 미식축구 스타가 있습니다. 보신 분이 계실 겁니다. 바로 '하인즈 워드'입니다. 기사의 내용인즉, "워드는 6일(한국시각) 디트로이트 포드필드에서 열린 제 40회 슈퍼볼(챔피언결정전) 시애틀 시호크스전에서 총 다섯 차례 캐치에 123야드 전진하면서 터치다운 1개를 기록하며 팀의 21 대 10 승리를 이끌어내 M.V.P 를 차지했다"는 기사였습니다. 제가 잘 알지도 못하는 미식축구에다가 딴 나라 스포츠 경기의 M.V.P가 제 관심을 끌 이유가 별로 없겠지요? 가뜩이나 설교준비 때문에 밤을 꼴딱 샜는데 말입니다. 그럼에도 제가 그 신문기사를 유심히 보게 된 이유가 있습니다. 두 가지 정도인데요. 첫째는 그가 비록 반쪽이지만 한국인의 어머니를 둔 한국계라는 사실이고. 피는 물보다 진합니다. 확실히! 두 번째는 그의 어머니 김영희 씨의 아들에 대한 헌신과 수고가 제 마음에 감동을 주었기 때문입니다. 소개하면 어머니 김영희 씨는 주한미군이었던 흑인 병사와 결혼해 미국으로 이민을 간 분이었습니다. 김영희 씨는 영어 한 마디 할 줄도 몰랐고 미국이라는 사회가 어떤 사회인지에 대한 선지식도 없는 상태였습니다. 하지만 이민을 결정합니다. 왜요? 아들을 위해서입니다. 흑인 혼혈인 아들이 한국에서 산다는 것이 얼마나 어려운지를 잘 알았기 때문입니다. 김영희 씨의 미국생활은 처음부터 고난의 연속이었습니다. 그녀의 남편은 결혼 14개월 만에 영어도 서툰 아내를 버리고 떠나버렸습니다. 그리고 김영희 씨는 영어를 할 줄 몰라 양육권을 얻지 못하게 되고 사랑하는 아들을 루이지애나 주의 할아버지에게 보내야 했습니다. 하지만 김영희 씨는 포기하지 않았지요. 갖은 고생을 하며 결국 미국에 정착하게 되고 워드가 8살 때에 할아버지를 설득해 아들의 양육권을 되찾게 됩니다. 그리고 아들과 함께 애틀랜타의 작은 마을에 어렵게 정착하지요. 이때부터 김영희 씨는 아들과의 생존을 위해 하루에 세 가지 일을 합니다. 접시를 닦고, 호텔 청소를 하고, 잡화점 계산대에서 계산을 하는 힘든 일이었습니다. 시간당 4달러 25센트의 일이었지요. 김영희 씨는 16시간씩 닥치는 대로 일을 했습니다. 하지만 아들을 챙기는 일은 한국 어머니의 모습 그대로였습니다. 아침에 정성껏 아들 워드를 챙겨서 학교에까지 보내주고 나서 일을 나갑니다. 그리고 일을 하다가 아들이 돌아올 시간에 맞춰 잠시 집에 들러 다시 아들의 저녁을 챙겨서 랩으로 싸놓고 저녁 일을 나갑니다. 쉬운 일이 아니었지만 사랑하는 아들의 식사를 손수 챙겨주고 싶은 마음이 있었기에 가능한 일이었습니다. 또한 김영희 씨는 자신은 지독하게 고생하지만 아들에게만은 최선을 다해 주었다고 합니다. 없는 살림이었지만 항상 깨끗한 옷을 입혀 주었고, 풍족한 용돈을 주었다고 하지요. 워드가 이런 이야기를 합니다. "어머니는 한 번도 자신을 위해 돈을 써 본 적이 없다." 하지만 어린 시절의 워드는 이런 어머니가 원망스러웠다고 합니다. 영어를 못하기에 숙제도 봐주지 못하고 피부색도 다른 엄마가 부끄러웠다는 것입니다. 그래서 흑인친구들끼리 놀다가 어머니가 오면 도망가기도 했다고 합니다. 그러던 어느 날 그날도 김영희 씨가 차로 워드를 데려다 주는데 마침 워드의 친구들이 어머니를 보고 손가락질하는 것을 보게 되고, 워드는 순간 재빨리 차 시트 아래로 몸을 숨겼다고 합니다. 이후 차에서 내리면서 워드가 본 어머니 눈에는 이슬이 그렁그렁했다고 하지요. 그것이 얼마나 부끄럽고 죄송했는지요. 이후 워드는 놀림을 받아도 "그래 나는 한국인이다. 그게 내 인생이다."는 마음을 먹게 됐다고 하고요. 지금 워드의 오른쪽 어깨에는 한글로 '하인즈 워드'란 문신이 새겨져 있다고 합니다. 올해 30살이 된 이 미식축구 스타는 어머니 이야기만 나오면 눈물을 글썽거린다고 합니다. 그래서 미국의 한 스포츠 전문지는 "워드를 울리려면 어머니 이야기만 꺼내면 된다."고 쓰기까지 했다고 합니다. 워드는 항상 이야기합니다. "모든 게 어머니 덕분"입니다. 실제 워드는 지난 2월 1일 AP통신과의 인터뷰에서도 "저는 어머니에게서 신뢰의 가치, 정직, 그리고 무엇보다 사랑을 배웠다."며 눈물을 글썽였다고 합니다.

제 마음에 깊은 감동을 주고 헌신이 무엇인지를 새삼 깊이 있게 생각하게 한 기사가 아닐 수 없었습니다. 제 개인적인 생각엔 모자가 참 훌륭한 것 같습니다. 어머니는 충분히 자신만의 인생을 위해 아들을 포기하거나 아니면 인생 자체를 자포자기할 수 있는 상황이었을 텐데도 아들을 위해 모든 것을 포기하고 지독한 고생을 자처했고요, 또 아들은 충분히 할렘가로 빠질 수 있는 요건이 있었음에도 어머니의 그 희생과 고생을 자신을 위한 헌신으로 바르게 받아들였고, 둘 다 적극적이고 긍정적으로 삶을 살아갔음을 보기 때문입니다. 결국 이 둘은 미국 땅에 한국인의 우수성을 다시 한번 드높이는 감동적인 드라마의 주인공이 되었던 것이지요. 멋진 모자입니다.

하지만 김영희 씨와 워드의 경우에도 볼 수 있듯이 헌신에는 지독한 고생이 항상 그림자와 같이 따라 붙습니다. 편안하고 안락하며 쉽고 가벼운 헌신이란 현실세계에서는 좀처럼 찾아보기 힘듭니다. 그래서 헌신하면 왠지 두렵고 떨리고 무겁고 입을 악다물어야 할 것 같은 느낌을 가지게 되지요. 이번 주제를 설교하기 위해 참고로 헌신에 대한 책 몇 권을 사서 읽어보았습니다. 그런데 그 책들의 제목 또한 헌신에 대한 우리의 선입견을 대변해 주는 듯 했습니다. 『두려움 없는 선택 헌신』, 『절대 헌신』, 『탈진, 헌신의 증거인가』, 『끝까지 헌신한 사람들』, 『헌신의 기쁨』. 제가 읽은 5권의 책 중 유일하게 『헌신의 기쁨』이라는 한 권의 책 제목만 긍정적인 느낌을 주는 제목을 가지고 있음을 보았습니다. 무엇을 말하고자 함입니까? 헌신은 쉽게 할 수 있는 것이 아니라는 것입니다. 헌신은 거의 예외 없이 자기 부인과 희생, 지독한 고생이 수반되는 일이라는 것입니다. 그리고 이런 헌신의 특징이 우리를 굉장히 부담되게 합니다.

그렇기에 현대 신앙인들에게 헌신을 요구하는 것은 어떤 이에게는 교회를 떠나거나 신앙을 포기하라고 압력을 가하는 것쯤으로 이해되기도 합니다. 간혹 이런 이야기를 듣습니다. '교회에 오면 즐겁고 자유로운 것이 아니라 부담이 됩니다. 하라는 것이 왜 그리 많은지요? 그냥 하나님이 주시는 죄 사함과 구원, 그리고 인도와 보호하심의 은혜만을 말씀하시고 자유를 누릴 수 있게 해 주실 수는 없는 것입니까?' 이해가 되는 말입니다. 일주일 내내 너무나 힘들게 살다가 예배시간 한 시간을 겨우 내서 하나님의 말씀을 들으러 왔는데 매주 뭐뭐 해라, 뭐뭐 왜 안 하냐라는 말씀만 들으면 솔직히 힘이 들지요. 위로의 말씀이 꼭 필요하긴 합니다. 하지만 목사가 하나님이 아니지 않습니까? 목사가 하나님이면 매주 위로의 말씀만 해 드릴 수 있을 것 같습니다. 그런데 목사는 유감스럽게도 하나님이 아닙니다. 그렇기에 성경이 말씀하시는 대로 전하지 않을 수 없습니다. 그런데 성경에서는 항상 두 편이 같이 존재한다는 것입니다. 하나님의 은혜를 설명하는 편과 그 은혜대로 살 것을 명령하는 편이 공히 같이 존재한다는 것입니다. 그 명령이 바로 우리에게 강력한 헌신을 요구하는 말씀이 되는 것입니다. 그렇기에 목사가 하나님이 아닌 이상 헌신의 설교를 하지 않을 수 없습니다. 설교는 말씀 그대로를 전하는 것이니까요. 그러니 당연히 50%는 설교해야만 한다는 것입니다.

그리고 헌신을 강조할 수밖에 없는 또 하나의 이유는 헌신해야만 알 수 있는 신앙의 비밀들이 있기 때문입니다. 깊은 바다 속에 들어가야만 볼 수 있는 바다의 아름다움이 있듯이 깊은 헌신 속으로 들어와야만 알 수 있는 신앙의 기쁨, 비밀들이 있습니다. 예전에 홍해 바다 속을 들어가 본 적이 있습니다. 바다 속으로 들어가 자연스럽게 홍해의 깊은 바다 속의 생태계를 볼 수 있도록 만들어 놓은 자연 수족관 같은 곳을 갔기 때문입니다. 그때 비로소 저는 진정한 홍해의 아름다움을 알 수가 있었습니다. 사실 그전에도 홍해 바닷가에서 조개를 잡고 수영도 하고 놀긴 했었습니다. 하지만 그때는 별 감동이 없었지요. 그냥 우리의 동해나 서해안이나 별 차이가 없어 보였기 때문이었습니다. 하지만 직접 바다 속 깊이 들어가 본 홍해의 바다는 한마디로 총 천연색의 아름다운 그림과 같은 곳이었습니다. 각양각색의 아름다운 지중해의 물고기들이 얼마나 자유롭게 노닐고 있는지요. 바닷가에서 수영을 하면서는 느낄 수 없는 아름다움이었습니다. 바로 헌신이 이런 신앙의 아름다움을 우리로 하여금 알게 한다는 것입니다.

마태복음 13장에서 예수님이 해 주신 보화 비유가 바로 이런 맥락에 있는 것이 아닙니까? 한 농부가 밭에 나갔습니다. 그 밭은 자신의 밭이 아닌 소작하고 있는 밭입니다. 그런데 농부가 밭을 일구다가 밭 한가운데서 엄청난 보화를 발견하게 됩니다. 이대로 주인에게 이야기하면 그 보화는 당연히 밭주인의 것이 되겠지요. 이때 농부는 얼른 그 보화를 다시 밭에 감추어 둡니다. 그리고는 황급히 집으로 돌아가서 그의 모든 재산을 다 팝니다. 있는 돈 없는 돈 다 끌어 모으지요. 그리고 밭주인에게 가서 그 모든 소유를 주고 그 밭

전체를 사 버립니다. 왜요? 그 밭에는 숨겨진 보물이 있기 때문입니다. 이 비유를 예수님이 하실 때 포인트가 무엇인지 아십니까? 바로 모든 재산을 다 끌어 모아서 밭의 일부분이 아닌 전부를 샀다는 것입니다. 천국은 바로 이와 같이 모든 것을 바쳐 천국의 모든 것을 사야 하는 만큼의 가치가 있다는 가르침이십니다. 우리의 일부분을 가지고 천국에 속한 일부분의 것만 살 수는 없는 것이지요. 그런데 간혹 이런 분들을 봅니다. 자신이 가진 일부분만으로 구원만 사길 원하는 분, 자신이 가진 일부분만으로 자녀 된 권세만 사기를 원하는 분, 자신이 가진 일부분만으로 병 고침의 은혜만 사시길 원하는 분, 자신이 가진 일부분만으로 재물의 은혜만 사시길 원하는 분, 자신이 가진 일부분만으로 행복한 가정의 은혜만 사시길 원하시는 분. 이외에도 수많은 종류에 대해 꼭 일부분만 가지고 사려는 분들이 있음을 보게 됩니다. 하지만 기억하십시오. 하나님의 은혜는 세트입니다. 낱개로 팔지 않는 것입니다. 모든 것을 다 팔아 모든 밭을 다 사야 하는 것입니다. 그 세트에는 은혜도 있고 고난도 있습니다. 그 세트에는 단 것도 있고 쓴 것도 있습니다. 그 세트에는 눈물도 있고 기쁨도 있습니다. 이것을 다 사야 하는 것입니다. 바울이 이런 진리를 빌립보서 1장 29절에서 이야기하지요.

"그리스도를 위하여 너희에게 은혜를 주신 것은 다만 그를 믿을 뿐 아니라 또한 그를 위하여 고난도 받게 하심이라" (빌1:29)

그렇기에 단물만 쏙 빨아먹고 쓴물은 싫다고 하는 어린아이와 같은 신앙에서 벗어나시길 바랍니다. 애들이 그렇지 않습니까? 단 부분만 쏙 골라 먹고 나머진 버리지요. 얄밉습니다. 하지만 아직 철이 없으니 봐줍니다. 그런데 겉모습은 멀쩡한 어른이 그러면 용서가 안 됩니다. 가끔 제가 참고 보아주지 못하는 자매들의 모습이 있습니다.

예를 들어 귤이나 오렌지 같은 과일을 먹을 때 배부르다고 과일즙만 쏙 빨아먹고 나머진 버리는 행위입니다. 저는 그런 모습이 왜 그렇게 용납이 안 되는지 모르겠습니다. 분노가 납니다. '차라리 먹지 말지! 북한의 꽃제비 아이들은 시궁창의 음식도 없어서 못 먹는데……' 등 별의별 생각이 다 나며 꼭 한 마디를 하지요. '천국에 들어가기 전에 이 세상에서 남긴 음식들 다 비벼먹고 들어가야 한다.' 이 말은 제 안에 화가 났다는 증거인 것입니다.

그런데 신앙행태도 이와 닮아버렸다면 진짜 열 받지 않겠습니까. 신앙을 가지는 것이 무슨 과즙 빨아먹기도 아니고, 자기가 무슨 꿀벌이나 나비도 아닌데 꼭 단물만 챙기려는 친구들이 있습니다. 신앙을 가지는 이유가 자기만족과 유익이라고 생각하는 친구들입니다. 이런 친구들은 신앙을 가지는 이유를 아직 몰라도 한참 모르는 것이지요. 우리에게 신앙을 주시고 구원의 은혜를 허락하신 이유는 이 세상에서 잘 먹고 잘 살게 하시기 위해서가 아닙니다. 대신 궁극적인 이유는 우리로 하여금 천국에서 잘 살게 하시기 위해서입니다. 그런데 이 땅에서 잘 먹고 잘 산 사람은 천국에서 받을 상금이 별로 없다는 것을 아십니까? 거지 나사로의 이야기를 아시지요. 한 부자가 있어 자색 옷과 고운 베옷을 입고 날마다 호화로운 잔치 속에서 지내다가 죽었습니다. 그 부잣집 대문 앞에서 부자의 상에서 떨어지는 것으로 연명하던 나사로라는 병든 거지가 있었는데 그도 부자와 비슷한 시기에 죽었습니다. 그런데 죽어 보니 부자는 음부에서 고통 중에 있는데 거지 나사로는 아브라함의 품에 안겨 편안하게 있는 것입니다. 그때 부자가 하소연을 하지요. '손가락 끝으로 물 한 방울만 찍어 내 입술에 묻혀 주십시오.' 비참한 모습이지요. 그때 아브라함이 무엇이라고 말을 합니까? 누가 복음 16장 25절입니다.

"아브라함이 가로되 얘 너는 살았을 때에 네 좋은 것을 받았고 나
사로는 고난을 받았으니 이것을 기억하라. 이제 저는 여기서 위로를
받고 너는 고민을 받느니라" (눅16:25)

무서운 말씀이 아닙니까? 너는 살았을 때에 네 좋은 것을 받았으
니 죽어서 고민을 받고 나사로는 살아서 고난을 받았으니 죽어서 위
로를 받는다는 것입니다. 그렇기에 이 땅에서 잘 먹고 잘 살게 하는
것이 주님의 뜻이 아닙니다. 대신 주님께서 원하시는 것은 천국에서
부자가 되는 것입니다. 천국에서 가장 큰 자가 되고 천국에서 인정
받는 자가 되는 것입니다. 그 길은 바로 좁은 길로 가는 것입니다.
고난의 길, 고생의 길을 자처하는 것입니다. 헌신하는 것입니다. 마
태복음 7장 13절-14절에서 예수님이 무엇이라 말씀하십니까?

"좁은 문으로 들어가라. 멸망으로 인도하는 문은 크고 그 길이 넓
어 그리로 들어가는 자가 많고 생명으로 인도하는 문은 좁고 길이 협
착하여 찾는 이가 적음이니라" (마7:14)

그렇기에 영원한 천국에서 큰 자가 되길 원한다면, 성숙한 신앙인
이 되기를 원한다면, 신앙의 놀라운 비밀을 알고 누리길 원한다면,
이제는 고생의 길, 고난의 길, 헌신의 길을 택하십시오. 자발적으로
말입니다.

그런데 여기서 오해하지 말아야 할 것이 있습니다. 헌신에는 고생
이 그림자와 같이 따르지만, 반대로 고생한다고 다 헌신이 되는 것
은 아니라는 사실입니다. 그럼 헌신과 고생의 차이는 무엇일까요?
제가 목사직 이외에 한 가지 직업을 더 가지고 열심히 돈을 법니다.
왜냐 하면 제가 아무래도 좋은 차를 타야 할 것 같기 때문입니다.

그래서 새벽부터 저녁까지 고생합니다. 얼굴이 시커멓게 변하고 살이 빠지고 고생이 말이 아닙니다. 이런 저를 보고 여러분이 '우리 목사님 헌신하시고 계셔.'라고 말해 줄 수 있을까요? 아니요! '고생하고 계셔'라는 말은 해 줄 수 있어도 '헌신하고 계셔'라는 말은 안 해 줄 것입니다. 왜요? 제가 하는 고생은 남을 위한 것이 아닌 철저하게 나를 위한 것이기 때문입니다. 바로 이것입니다. 고생이 헌신이 되기 위해선 철저하게 남을 위한 것이 되어야 합니다. 자신을 위한 고생은 헌신이라 하지 않습니다. 그것은 헌신이 아니라 '사서 한 고생'이라고 부르는 것입니다. 그리고 이런 사서 한 고생은 아무리 많이 해도 결코 하나님의 비전을 이루는 것과는 별 관계가 없습니다. 오직 헌신만이 하나님의 비전과 직결된 수고가 되는 것입니다.

그렇기에 이 부분에서 부끄러움이 없는 분이 칭찬받는 주의 종이 될 수가 있는 것입니다. 이제 사서 한 고생이 아닌 헌신을 하시기 바랍니다. 우리는 야곱의 고생을 헌신으로 바꾸길 원하시는 하나님을 보게 됩니다. 이 하나님의 역사하심을 연구해 나가면서 우리의 고생도 헌신으로 바꾸어지기를 소원합니다. 본문을 봅시다.

2. 사서 고생한 야곱, 그 숨겨진 이유

이제 제가 한 인물을 묘사하겠습니다. 누군지 한 번 맞춰보시기 바랍니다.

'퀭한 눈, 까칠까칠한 얼굴, 꽉 다문 입술, 굵고 긴 생머리, 덥수룩한 수염, 강인한 근육질 몸매, 지저분한 옷, 지친 듯한 걸음걸이 그리고 지팡이 하나!'

제가 표현한 인물묘사를 들으면서 성경인물 중 어떤 사람이 떠오르십니까? 아마 대다수의 분들은 야곱을 떠올리실 것 같은데요. 왜냐하면 지금까지 계속 야곱에 대해 이야기하고 있었기 때문입니다. 그런데 사실 저는 딱히 야곱을 생각하고 이런 묘사를 한 것이 아닙니다. 단지 지치고 힘든 삶을 살고 있는 목동의 직업을 가진 한 인물을 그려보았을 뿐입니다. 그런데 막상 묘사해 놓고 보니 제가 보기에도 야곱처럼 생각됩니다. 고생한 사람 야곱, 이것이 바로 우리가 가지게 되는 야곱에 대한 선입견이자 이미지이지요. 우리는 야곱이 얼마나 심하게 고생을 했는지를 직접 그의 입을 통해 들을 수 있게 됩니다. 창세기 31장 38절에서 40절까지를 읽겠습니다.

"내가 이 이십 년에 외삼촌과 함께하였거니와 외삼촌의 암양들이나 암염소들이 낙태하지 아니하였고 또 외삼촌의 양떼의 수양을 내가 먹지 아니하였으며 물려 찢긴 것은 내가 외삼촌에게로 가져가지 아니하고 스스로 그것을 보충하였으며 낮에 도적을 맞았든지 밤에 도적을 맞았든지 내가 외삼촌에게 물어내었으며 내가 이와 같이 낮에는 더위를 무릅쓰고 밤에는 추위를 당하며 눈 붙일 겨를도 없이 지내었나이다." (창31:38-40)

본문의 배경은 이렇습니다. 도저히 삼촌과는 같이 거할 수 없다고 판단한 야곱은 야반도주를 하기로 작정을 합니다. 야곱이 하나님의 은혜로 거부가 되자 삼촌 라반의 눈빛이 예사롭지 않게 변했기 때문이지요. 그렇다고 당당하게 떠난다고 하면 삼촌이 보내줄 것 같은 위인도 아니고 해서 선택한 고육지책이 바로 야반도주입니다. 그리고 야곱은 드디어 기회를 잡습니다. 삼촌과 그의 아들들이 양털을 깎기 위해 먼 곳으로 여행을 갔기 때문입니다. 왜 라반이 이렇게 먼 곳에 가서 양털을 깎습니까? 간단합니다. 의심 많은 라반은 혹시나 야곱이 자신의 양을 훔쳐가지 않을까 해서 자신의 양떼와 야곱의 양떼를 되도록 멀리 떼어놓습니다. 라반이라는 사람의 됨됨이가 얼마나 의심 많고 욕심이 많은지를 알게 하는 한 단면입니다. 그러니 야곱에게는 절호의 찬스이지요. 야곱이 도망갔다는 것을 3일 뒤에 알고도 7일 이상이나 걸려서 좇아올 정도라면 꽤 먼 거리에 있었음을 짐작케 하니까요. 충분히 도망갈 수 있다고 판단한 것입니다. 그런데 야곱의 판단에 실수가 있었습니다. 무슨 실수일까요? 자신들의 도망할 수 있는 능력과 추격자들의 추격능력을 잘못 계산한 것일까요? 물론 그럴 수 있습니다. 야곱의 무리는 양과 염소와 부녀자들이 함께 어우러져 있기에 빨리 도망할 수가 없습니다. 반면 삼촌 라반은 말을 타고 장정들만 데리고 추격해 오면 그만입니다. 그러니 따라잡힐 수 있습니다. 하지만 야곱이 생명이 걸린 이 도주에 이것 정도 계산 못했을 리 없습니다. 그럼 도대체 어떤 실수가 있었기에 따라잡혔을까요? 야곱은 삼촌 라반이 얼마나 집요하고 지독한지를 과소평가했습니다. 일반적으로 자고 먹고 추격해 오는 추격자라면 결코 야곱을 따라올 수 없었을 것입니다. 그 정도를 계산 못할 야곱이 아니지요. 그런데 삼촌 라반은 일반적인 추격자가 아니었습니다. 그는 열흘이라는 긴 시간을 밤잠을 자지 않고 쉬지 않고 추격해 온, 야곱의 상상을 뛰어넘는 집요하고 독한 추격자였던 것입니다. 그렇지 않고는 요단강을 건너기 전에 야곱의 식구들이 잡힐 리 없었기 때문이지요. 여기서 우리는 라반이 어떤 심정으로 야곱을 좇아왔는지를 알게 됩니다. 어떤 심정일까요? 그냥 섭섭함을 표현하기 위해서입니까? '너희들 내게 그럴 수 있니?' 이 말 한 마디 하려고 열흘간을 밤잠을 포기하고 좇아왔을까요? 아닙니다. 그럼요? 조카고 뭐고 사

위고 뭐고 잡히기만 하면 요절을 내겠다는 살의를 품고 야곱을 쫓아
온 것이었습니다. 무섭지요? 이렇게 라반은 무서운 사람입니다. 그러
니 딸들을 그렇게 시집보내고 10년이나 야곱의 삯을 주지 않고 버티
지요. 그리고 드디어 도망한 지 10일 만에 야곱은 삼촌 라반에게 잡
히고 맙니다. 야곱의 일생일대의 위기의 순간이 다시 한번 닥친 것
입니다.

그런데 야곱은 이런 위험이 오고 있는 줄도 모르고 있습니다. 잡
힐 것이라고는 상상도 못했기 때문입니다. 이때 하나님이 큰 은혜를
베푸셨지요. 조카고 뭐고 사위고 뭐고 상관없이 작살을 내려고 벼르
고 왔던 라반에게 하나님이 꿈으로 역사하셨습니다. '야곱에게 손을
대지 말라'고 직접 말씀하신 것입니다. 저는 이 부분을 생각하면 얼
마나 은혜가 되는지요. 사실 우리가 알고 있는 하나님의 은혜도 있
지만 우리가 알지 못하는 사이에 하나님이 지키시고 보호하시고 인
도하신 하나님의 은혜도 많습니다. 우리는 그런 위험이 있었는지도
몰랐습니다. 당연히 기도도 하지 않았지요. 그런데 나중에 알고 보니
내가 깜짝 놀랄 위험이 나도 모르게 있었고 그때 나도 모르는 사이
에 하나님이 나를 도우셨다는 것을 나중에 알게 되는 경우입니다.
이런 간증을 들은 적이 있습니다. 모처럼 만에 종합검진을 받았더니
놀라운 결과가 나왔습니다. 폐에 결핵이 있었다가 자연스럽게 치유
된 흔적이 있다는 것입니다. 이 분은 결핵이 있었는지도 몰랐습니다.
그리고 그냥 평상시처럼 하나님을 섬기며 평상시대로 살았습니다.
그런데 하나님이 알아서 깨끗하게 치유하신 것입니다. 하나님은 이
런 분이십니다. 하나님은 분명 야곱에게 벧엘에서 말씀하셨지요. 내
가 너와 항상 함께 하겠다고! 그런 약속이 있었기에 하나님은 야곱
이 알던 모르던, 기도하던 안하던 상관없이 자신의 신실함과 긍휼로
야곱을 지키신 것이었습니다.

그리고 라반은 강권적인 하나님의 위엄 있는 명령 앞에 살의를 거둡니다. 그래도 열흘이나 뒤를 좇아온 체면이 있지 그냥 갈 수는 없잖습니까? 그래서 핑계를 댄 것이 바로 라헬이 훔쳐간 드라빔이지요. 왜 남의 드라빔을 훔쳐갔냐는 것입니다. 이 사실은 야곱이 당연히 모르고 있는 라헬 단독범행으로 저지른 일입니다. 그리고 라반은 야곱의 모든 짐들을 샅샅이 뒤지기 시작합니다. 하지만 발견하지 못합니다. 라헬이 자기 치마 밑에 숨겨놓고 자신이 경도가 나서 못 일어난다는 핑계를 대고 아버지 라반을 속였기 때문입니다. 속이는 자 라반도 속습니다. 누구에게요? 그의 딸 라헬에게 말입니다. 참 재미있지요. 속이는 자 야곱이 라반에게 속고 라반은 그 딸에게 속고. 심는 대로 거두는 것입니다. 이제 라반은 할 말이 없어집니다. 굉장히 무안하지요. 그때 비로소 야곱이 입을 뗍니다. 그리고 20년 동안 그가 말 못하고 꾹꾹 참았던 모든 억울한 것들을 라반에게 퍼붓지요. 이것이 바로 오늘 읽은 본문의 배경이 되는 내용입니다.

그런데 이 야곱의 말을 보면 정말 하란에서의 20년 동안 야곱이 심한 고생을 한 것을 한눈에 알 수가 있습니다. 야곱이 뻥을 치지는 않을 것 같습니다. 뻔히 그의 생활을 다 알고 있는 삼촌과 가족들 앞에서 뻥은 안 통할 테니까요. 그렇기에 야곱의 진술은 100% 믿을 만합니다. 그럼 과연 야곱은 어떤 고생을 했을까요? 우리는 야곱의 20년 동안의 하란에서의 고생을 한 구절로 요약해 볼 수 있습니다. '눈 붙일 겨를도 없이 지내었다'는 말입니다. 이 말은 허리가 휘어지는 중노동을 했다는 것입니다. 그런데 그 중노동이 밤과 낮을 안 가렸다는 것입니다. 도대체 어떤 일을 했기에 그는 밤과 낮을 가리지 않고 중노동을 했다는 것입니까?

그는 장인이자 삼촌인 라반의 양떼를 쳤습니다. 그런데 천성이 조밀하고 철저했던 야곱이기에 아무리 장인의 일을 봐 주는 것이라 해도 아주 철저하게 일을 했음을 보게 됩니다. 한마디로 완벽하게 일을 처리합니다. 그는 낮에는 더위를 무릅쓰고 밤에는 추위를 무릅쓰고 양떼를 지키는 일을 합니다. 그리고 그가 돌보는 동안에는 새끼를 밴 양들이 낙태를 하지 않았습니다. 이것이 의미하는 바가 무엇입니까? 양들을 지극정성으로 돌보았다는 말입니다. 지금도 그렇지만 농장에서 소가 새끼를 낳으려 하면 농장이 초비상에 들어갑니다. 밤잠을 설치면서 소를 돌보지요. 그래야 건강하고 안전하게 새끼를 낳을 수 있습니다. 그런데 라반의 양떼가 어디 1~200마리겠습니까? 적어도 천 단위에서 만 단위는 넘는 양일 것입니다. 거부니까요. 그런 양떼에서 새끼 밴 양들이 한 둘이겠습니까? 그런 새끼 밴 양들을 단 한 마리도 낙태시키지 않았다는 것은 거의 기적적인 일입니다. 얼마나 부지런하고 세심하게 그리고 정성을 다해 야곱이 양떼를 돌보았는지를 알 수가 있는 대목입니다. 이것이 어디 쉬운 일이겠습니까? 사람이 자기 일에는 종종 이렇게 할 수 있습니다. 자기의 일이니까요. 하지만 남의 일을, 그것도 무보수로, 그것도 원치 않았는데 하게 될 때에 이렇게 밤낮으로 철저하게 일을 처리해 주기가 쉽지가 않습니다. 하지만 야곱은 그렇게 합니다. 완전히 라반에게 헌신되어 있는 것처럼 보입니다. 또 양을 칠 때면 종종 일어나는 작은 사고들이 있습니다. 그것은 들짐승들의 습격이지요. 물론 목동들은 최대한 들짐승들로부터 양을 지키려 하지만 간혹 그렇지 못할 때가 있습니다. 불가항력적이라고 하지요. 그렇기에 모세의 율법에도 이런 불가항력적인 상황을 고려해 이럴 때는 종이나 목동이 피해를 주인에게 보상해 주지 않아도 되도록 해 놓았습니다. 출애굽기 22장 13절입니다.

  "만일 찢겼으면 그것을 가져다가 증거할 것이요 그 찢긴 것에 대하여 배상하지 않을지니라." (출22:13)

그런데 야곱은 이런 경우에도 본인이 스스로 보상을 합니다. 안 해도 되는데 합니다. 이상하지요? 그런데 이뿐이 아닙니다. 야곱은 밤이든 낮이든 도적을 맞은 것에 대해서도 보상을 합니다. 원래 율법은 도적을 맞은 것은 도적이나 보상하지 종이 보상하도록 이야기하고 있지 않습니다. 그리고 보상하려면 도적은 갑절을 보상해야 했습니다. 그런데 야곱은 자신이 도적질도 하지 않았으면서 자신이 보상합니다. 어쩌면 야곱은 갑절로 보상했는지도 모릅니다. 생각해 보십시오. 밤과 낮을 가리지 않고 일합니다. 양들의 낙태율 제로라는 믿을 수 없는 기록을 세웁니다. 안 해도 되는 보상을 합니다. 그리고 결론적으로 자신의 재산을 많이 불려줍니다. 라반은 야곱의 덕분에 거부가 되었지요. 야곱이 말하지요. "내가 오기 전에는 외삼촌의 소유가 적더니 번성하여 떼를 이루었나이다." 만약 이런 목동이 있다면 그 주인은 아마 두 다리를 쭉 뻗고 자도 별 것 같습니다. 라반에게 야곱은 그런 존재였습니다. 정말 야곱은 죽을 고생을 다 해 라반을 섬겼습니다. 20년 동안. 그렇기에 라반 앞에서 야곱은 당당하게 말할 수 있었던 것입니다. "눈 붙일 틈도 없이 지냈습니다."

그런데 사실 눈 붙일 틈도 없이 보냈다는 야곱의 말은 더 곱씹어 보면 단지 목동 일에만, 다시 말해 바깥일에만 국한된 일이 아님을 보게 되지요. 대신 집안일에도 동일하게 적용되는 일임을 발견하게 됩니다. 무슨 말입니까? 우리가 알듯이 야곱에게는 4명의 아내가 있습니다. 그런데 그 4명의 아내가 정상적인 관계들이 아닙니다. 서로 경쟁관계이지요. 서로 남편의 사랑을 차지하려고 치열한 싸움을 하는 관계입니다. 그런 싸움이 격렬해서 하루는 레아의 아들 르우벤이 들에서 합환채를 얻어 어머니 레아에게 주자, 그것으로 라헬과 흥정을 합니다. '합환채-미약-를 줄 테니 남편을 나의 침실로 와서 자게 하라.' 도대체 이게 뭡니까? 어엿 집에서 미약이 오고 가는 것도 문제인데, 거기다가 남편과의 잠자리가 그 흥정대상이 되고 있습니다. 그리고 더 웃기는 것은 레아가 야곱에게 '내가 오늘 합환채로 당신을 샀소.' 하니까 야곱이 아무런 이의 없이 레아와 잠자리를 하러 간다는 것입니다. 완전 황당한 집안입니다. 그리고 라헬과 레아는 경쟁이 지나쳐 자신의 여종들까지 남편에게 첩으로 들이지 않습니까? 라헬은 첩을 안 들이면 자신이 죽겠다고 협박까지 하면서 종 빌하를 야곱이 아내로 맞이하게 합니다. 도저히 보통의 집에서는 상상할 수 없는 일들이 벌어집니다. 그런데 이런 네 여자의 불꽃 튀는 경쟁 속에서 야곱이 어찌 되었을까요? 아마도 피골이 상접해지지 않았을까 싶습니다. 보면 야곱은 가정에서의 의무도 아주 성실하게 수행했음을 보게 되기 때문입니다. 이렇게 보면 야곱이 147세까지 산 것이 하나님의 은혜지요. 어쩌면 그는 가장 장수할 족장이었는데 그것밖에 못 살았는지 모르기에 하는 말입니다. 당연히 야곱의 하란의 20년은 잠 잘 틈이 없는, 허리가 휠 만큼 고생스러운 나날들이었다는 것입니다. 그런데 보십시오. 라헬과의 그 뜨거운 사랑과 열정은 어디 갔습니까? 비록 야곱이 성실하게 그 의무를 다했다고 하지만 야곱에게 그 사랑이 이젠 무거운 노동이 되었음을 보게 됩니다. 이게 비극입니다. 사랑이 의무나 노동, 고생으로 전락하는 것!

여기서 중요한 질문이 생기지요. 야곱은 이 끔찍한 하란에서의 고생의 시기를 벗어나고픈 욕망이 없었을까? 바깥에서는 악덕기업주인 장인의 감시와 노동착취로 인해 끔찍한 노동이 그를 압사할 듯 눌러 댑니다. 새벽부터 밤늦게까지 양들에 파묻혀 삽니다. 항상 노심초사하지요. '물려 죽는 놈은 없나, 도적은 없나, 새끼를 낳는 놈은 없나, 어디를 가야 좋은 목초지와 물을 먹일 수 있나……' 그러다가 기진맥진해서 밤에 집에 들어오면 네 명의 아내들이 아귀처럼 붙습니다. '오늘은 나랑 합방할 차례니 내게 오시오.' 이 일이 20년 동안 지속된 것입니다. 도망가고 싶었을 것입니다. 아마 저 같으면 벌써 고향 아니면 다른 곳으로라도 줄행랑을 쳤습니다. 그런데 야곱은 잘도 버팁니다. 20년 동안이나. 야곱이 초인적인 인내를 가진 사람이 아니라면, 과연 무슨 큰 이유가 있기에 야곱은 이렇게 고생을 사서 하고 있는 것입니까?

바로 야곱은 일가를 이루고 싶었던 것입니다. 야곱은 하란에서 자신의 일가를 이루어 족장이 되고 싶었던 것입니다. 그는 이미 이삭의 뒤를 잇는 족장이 되는 것은 포기했습니다. 어쩌면 그는 집을 떠날 때 이미 그 욕심을 포기했는지 모릅니다. 하지만 라헬을 사랑하면서 그에게는 다른 꿈이 생겼습니다. 비록 약간 모양새는 바뀌었지만 열정과 사랑이 족장에 대한 꿈을 야곱에게 일깨워 준 것입니다. '이곳 하란에서 아버지 이삭과 형 에서와 상관없이 내 스스로 한 일가를 이루자! 그리고 내가 그 족장이 되자!' 그리고 이런 꿈을 이루기 위해 야곱은 무엇이 필요할까를 고민했을 것입니다. 그 결과 야곱은 어찌하든지 삼촌 라반의 눈에 들어 라반에게서 재물을 얻는 것과 아내들을 통해 많은 자녀를 낳는 것이 필요하다고 생각했을지 모릅니다.

이런 우리의 추정을 뒷받침하는 증거들이 있습니다. 야곱의 라반에 대한 충성과 헌신, 뭔가 과하지 않습니까? 20년 동안을 이렇게 자신의 몸 축나는지 모르고 일해 줄 만큼 라반이 그릇이 되는 지도자입니까? 아닙니다. 오히려 라반은 악덕기업주라고 표현하면 맞을 정도의 인물입니다. 그런데 왜 야곱은 지나치리만큼 그에게 충성과 헌신을 다하고 있습니까? 왜냐하면 어찌되었건 야곱이 지금 하란에서 일가를 이룰 수 있는 경제력을 얻기 위해 기댈 수 있는 유일한 언덕은 라반뿐이라고 생각했기 때문입니다. 혈혈단신 하란에 온 야

곱은 달랑 지팡이 하나만 가지고 온 빈털터리입니다. 이런 야곱이
그래도 가정을 꾸리고 한 집안의 족장이 되려면 어느 정도의 재물이
있어야 합니다. 그런데 소도 비빌 언덕이 있어야 비빈다고 야곱에게
비빌 언덕이 어디 있습니까? 라반 이외에는 하나도 없습니다. 그렇
기에 미워도 다시 한번, 열 번이나 자신의 품삯을 주지 않아도 참고
또 참고 지극정성을 다하고 있는 것입니다. 혹시 이 나쁜 인간이 마
음에 감동을 먹어서 조금의 양심의 가책을 받고 재물을 줄지 모른다
는 일말의 가능성을 두고 말이지요. 이런 야곱의 마음을 알 수 있게
하는 단서가 있습니다. 야곱은 이야기합니다. 창세기 29장 30절입니
다.

> "야곱이 그에게 이르되 내가 어떻게 외삼촌을 섬겼는지, 어떻게 외
> 삼촌의 짐승을 쳤는지 외삼촌이 아시나이다. 내가 오기 전에는 외삼
> 촌의 소유가 적더니 번성하여 떼를 이루었나이다. 나의 공력을 따라
> 여호와께서 외삼촌에게 복을 주셨나이다. 그러나 나는 어느 때에나
> 내 집을 세우리이까?" (창30:29-30)

야곱이 14년간을 일한 후에 라반에게 한 말입니다. 나도 집을 세
우려면 재산이 있어야 하는데 이렇게 열심히 일해 주는데 삼촌이 안
챙겨주면 어떻게 하느냐 하는 탄원이지요. 집을 세우고 싶다는 야곱
의 강렬한 소망이 느껴지는 탄원입니다.

마찬가지로 그가 네 여자의 등쌀을 묵묵히, 어쩌면 바보와 같이
받아주며 자손을, 남자아이를 12명이나 낳은 것도 이런 맥락일 수
있습니다. 자손이 많아야 족장이 될 수 있고, 힘을 가질 수 있기 때
문이지요. 그렇기에 야곱은 하란에서의 20년 동안 딸 디나까지 합쳐
서 12명의 자녀를 낳지요. 실제적인 결혼생활이 13년임을 감안할 때

그는 매년 자녀를 낳은 셈입니다. 정말 노력 많이 한 것을 알 수 있지 않습니까? 요즘 같으면 나라에서 상장을 줄 만합니다.

그런데요 한 번 생각해 보십시오. 왜 야곱이 이렇게 일가를 이루고 족장이 되는 것을 갈망했을까요? 어쩌면 그는 이것이 벧엘에서 나타나 자신에게 언약하신 하나님의 언약을 이루는 현실적인 방법이라고 생각했는지도 모릅니다. 그래야 빨리 고향으로도 돌아갈 수 있고요, 일가를 이루어 족장으로 나타나면 금의환향할 수 있겠지요. 그러면 아버지도 자신이 에서를 택하려 했던 것이 실수임을 아실 것이고, 하나님이 주신 신탁이 정당하게 이루어졌음을 만방에 증거할 수 있는 일이 될 수도 있을 것이기 때문입니다. 즉 야곱은 자신의 이런 고생이 결국 하나님이 주신 비전을 이루기 위한 헌신이라고 나름대로 생각하고 있었다는 것입니다. 이런 야곱의 생각을 알게 해주는 구절이 있습니다. 창세기 31장 13절입니다. 이 구절은 야곱이 아내들에게 왜 자신이 라반을 떠나 가나안으로 가야 하는지에 대해 이유를 설명하는 구절입니다.

> "나는 벧엘 하나님이라 네가 거기서 기둥에 기름을 붓고 거기서 내게 서원하였으니 지금 일어나 이곳을 떠나서 네 출생지로 돌아가라 하셨느니라." (창31:13)

야곱은 말합니다. 벧엘에서 나에게 언약을 해 주셨던 그 하나님이 내게 가나안 땅으로 가라고 하셨다고. 이 말은 지금 야곱에게 하나님과의 벧엘에서의 언약과 서원이 생생하게 기억으로 남아있다는 것을 의미합니다. 벧엘에서의 언약과 서원이 무엇입니까? 하나님이 야곱을 이스라엘의 진정한 장자로, 장자로서 누리는 모든 권리와 의미를 완벽하게 할 때까지 결코 떠나지 않겠다는 약속이었습니다. 잊은 것 같았는데 아직 야곱에게는 족장권에 대한 강렬한 욕구가 남아있었던 것입니다. 그렇기에 야곱은 자신이 고생하는 것을 참아낼 수 있었던 것입니다. 그 고생은 족장이 되기 위한, 다른 말로 하면 하나님이 주신 비전을 이루기 위한 헌신이었기 때문입니다.

3. 고생에서 헌신으로 바꾸시는 하나님의 은혜!

그런데 이것은 야곱의 착각이었습니다. 결코 이것은 하나님의 비전을 이루기 위한 야곱의 헌신이 아니었습니다. 대신 이것은 야곱이 자신의 욕망을 위해 사서 고생한 고생인 것입니다. 왜입니까? 이런 고생에는 다른 사람을 위한 희생이나 수고가 전혀 들어있지 않기 때문입니다. 고생과 헌신의 차이를 설명했지요. 야곱, 그의 하란에서의 20년은 철저하게 자기 욕망을 채우는 자기 위주의 삶이었습니다.

그는 가정도 자기 욕망을 채우는 도구로 사용했지요. 라헬이나 레아의 아픔이나 상처는 아랑곳하지 않았습니다. 경쟁하며 겪는 고통이나 종을 첩으로 주어야 하는 부인들의 고뇌를 이해하지 못했습니다. 또 자신의 의지와 상관없이 노인에게 첩으로 가야 하는 어린 아내들의 고통을 이해 못했습니다. 그중 어린 아내인 빌하는 그 괴로움을 견디지 못해 남편의 장자인 르우벤과 눈이 맞아 버리지 않습니까. 자기보다 한 10-15년 연하인 르우벤인데 말이지요. 왜 이런 비극이 일어납니까? 야곱이 모두를 자신의 욕망을 채우려는 도구로 사용했기 때문입니다.

이것은 라반과의 관계에서도 마찬가지입니다. 그는 겉으로는 흠 잡을 데 없는 목동이었지만 사실 속으로는 어찌하든지 삼촌의 모든 재산을 빼앗아 자신의 것으로 만들고 싶은 욕심으로 가득 찼습니다. 그 결과 그는 기회가 오자 아예 삼촌이 망하는 것은 아랑곳하지 않고 자신의 양떼만 불리는데 주력합니다. 바로 힘 있고 튼실한 양이 새끼를 배면 알록달록하거나 검은 색이 되게 하고 힘이 없고 비실비실한 것들은 무조건 삼촌 것이 되게 합니다. 창세기 30장 42-43절입니다.

> "약한 양이면 그 가지를 두지 아니하니 이러므로 약한 자는 라반의 것이 되고 실한 자는 야곱의 것이 된지라 이에 그 사람이 심히 풍부하여 양떼와 노비와 약대와 나귀가 많았더라." (창30:43)

이것은 야곱이 싫어하던 라반과 같은 행위입니다. 기회가 되니까 그는 라반을 생각지 않고 자신만 생각하지 않습니까? 자신만 생각해서 10년 동안 품삯을 주지 않던 라반과 50보 100보가 아닙니까? 한 마디로 야곱의 고생은 그냥 자신의 욕망을 얻기 위한 사서 고생이었지 하나님과는 상관없는 고생이었다는 것입니다.

이런 사서 고생한 대표적인 성경 인물로 사울 왕을 들 수가 있지요. 그는 블레셋과의 전투에서 아들 요나단의 용맹과 하나님의 도우심으로 패배 직전에서 승기를 잡습니다. 이때 그는 모든 대적을 다 죽일 때까지 금식할 것을 온 이스라엘 군대에게 명령합니다. 이런 사울 왕의 금식명령, 얼핏 보면 얼마나 신앙적인 모습입니까? 적과의 싸움에서도 철저하게 하나님을 의지하여 싸우겠다는 신앙의 결단으로 보이지 않습니까? 그런데 결국 나중에 그의 이 명령이 얼마나 황당한 명령이었는지가 밝혀지지요. 왜냐하면 이것은 하나님과는 전혀 상관없는 사서 한 고생이었기 때문입니다. 생각해 보십시오. 지금 하루 종일 적과의 치열한 전투가 벌어지고 있습니다. 배불리 먹어도 시원치 않을 판입니다. 그런데 금식하고 어찌 싸울 수 있겠습니까? 상식에 어긋나는 명령인 것이지요. 그렇기에 일부 군사들은 왕의 눈을 피해 고기를 날로 피째 먹는 죄를 범하고 맙니다. 이때 그의 아들 요나단이 말하지요. 삼상 14장 29-30절입니다.

> "요나단이 가로되 내 부친이 이 땅으로 곤란케 하셨도다. 보라 내가 이 꿀 조금을 맛보고도 내 눈이 이렇게 밝았거든 하물며 백성이 오늘 그 대적에게서 탈취하여 얻은 것을 임의로 먹었다면 블레셋 사람을 살육함이 더욱 많지 아니하였겠느냐." (삼상14:29-30)

여기서 '곤란케 하다'는 히브리어로 '아카르'는 '방해하다, 어지럽히다, 괴롭히다, 화를 끼치다'의 뜻을 지니고 있는 단어입니다. 즉 사울의 행동은 하나님께 대한 헌신이 아니었습니다. 그것은 오히려 하나님의 역사하심을 방해하고 어지럽히고 사람들에게 해를 끼치는 일이었던 것입니다. 우리가 이런 것을 조심해야 합니다. 그런데 오늘날도 수많은 신앙인들이 하나님의 이름과 하나님의 비전의 이름으로 헌신이 아닌 사서 고생을 하는 것을 너무나 많이 보게 됩니다. 그런데 문제는 자기만 사서 고생하는 것이 아니라 남도 괴롭힌다는 것이지요. 하나님이 언제 몇 백 억이 넘는 새 성전을 지어야 영광을 받으시며, 땅을 몇 만 평 사야 영광을 받으시며, 교인 수를 몇 만 명이 되게 해야 영광을 받으신다고 했습니까? 아닙니다. 그런데 교회들이 사서 고생을 하지요. 이것 때문에 얼마나 많은 목사님들과 교인들이 힘들어하고 시험에 빠지는데요. 제 친구 목사 아버님은 달동네에서 개척하셨습니다. 그리고 고생하시면서 열심히 목회하셨지요. 결국 그 가난한 동네에서 버젓하게 교회당을 건축하셨습니다. 그리

고 뇌출혈로 바로 돌아가셨습니다. 이건 비단 친구 아버님만의 문제
가 아닙니다. 한국 교회에서 수많은 교회들이 교회당 짓다 싸움 나
고 목회자 쫓아내고 부도나고 각종 어려움을 겪습니다. 사서 하는
고생의 전형적인 경우입니다. 그럼 우리는 없습니까? 우리도 있지요.
봉사하는 것! 얼마나 좋습니까? 그런데 자신의 능력과 위치와 상황
을 파악해야지요. 능력과 상황도 안 되면서 마음이 약해 그냥 시작
합니다. 그러다가 탈진해서 나가떨어지지요. 기억하십시오. 탈진했다
는 것은 내가 지금 사서 한 고생을 했다는 증거입니다. 하나님은 우
리가 탈진하도록 두지 않으십니다. 하나님은 6일 동안 천지를 창조
하시고 7일째 쉬도록 하신 분이십니다. 예수님은 수고하고 무거운
짐 진 자들에게 쉼을 주겠다고 말씀하시는 분이십니다. 그렇기에 하
나님은 시험당할 즈음에 피할 길을 내시는 분이시고, 능력 주시는
자 안에서 모든 것을 할 수 있게 하시는 분이시며, 우리의 환난 날
에 만날 큰 도움과 피난처가 되시는 분이시고, 우리의 힘이 되시는
하나님이십니다.

그럼 우리가 어떻게 하면 사서 고생하는 것이 아닌 진정한 헌신
을 우리의 삶에서 하나님께 드릴 수 있을까요. 이것에 대해 야곱의
일생은 귀한 하나님의 은혜를 보여주고 있습니다. 보십시오. 하란에
서 20년 동안 야곱이 죽을 고생을 해서 얻은 것들! 결정적으로 그것
들이 누구의 도움 때문이었습니까? 처음에 야곱의 생각대로 라반의
도움이나요? 아닙니다. 전적으로 하나님의 은혜입니다. 야곱이 고백
하지요. 하나님이 아니었다면 나는 빈털터리로 요단강을 건넜을 것
이라고(창31:42), 하지만 하나님의 은혜로 거부가 되었다고 고백합니
다. 바로 하나님이 야곱을 거부가 되게 하신 것입니다.

그럼 대가족을 이루는 복은 누가 주셨습니까? 이것도 하나님이 주

셨습니다. 야곱이 죽을힘을 다해 노력한 결과가 아닙니다. 보십시오. 하나님은 야곱에게 이것을 알게 하시기 위해 한 가지 장치를 야곱 집에 베푸십니다. 바로 야곱이 가장 사랑하는 라헬의 태를 일정 기간 동안 닫아두시지요. 그 결과 하나님은 야곱의 입에서 이런 고백을 뽑아내십니다. 창세기 30장 20절입니다.

> "야곱이 라헬에게 노를 발하여 가로되 그대로 성태치 못하게 하시는 이는 하나님이시니 내가 하나님을 대신하겠느냐" (창30:2)

기가 막힌 하나님의 섭리시지요. 야곱은 라헬의 불임으로 깨달은 것입니다. 그리고 대가족을 이루는 것도 자신의 힘이 아닌 하나님의 힘이라는 사실을 고백합니다. 결국 야곱이 하란에서 고생해서 얻은 재물과 가족이라는 두 가지는 하나님이 주시지 않고서는 얻을 수 없는 것이었습니다. 하나님이 이것을 야곱에게 알게 하셨지요. 그리고 나서 하나님은 야곱에게 가슴시린 경험도 더하시지요. 무엇입니까? 바로 삼촌 라반에게 추격을 당해서 길르앗 산에서 그가 얻은 모든 것을 한순간에 다 잃어버릴 위기에 처하게 하십니다. 그리고 나선 하나님이 스스로 그 모든 어려움을 해결하심으로 아주 확실하게 교훈 한 가지를 심어주시고 계십니다. "주는 자도 여호와 하나님이며 취하는 자도 여호와 하나님"이라는 사실입니다. 왜 이런 교훈을 허락하십니까? 그래야 야곱의 고질병이 고쳐지지요. 바로 자기 스스로 무언가 하려는 고질병입니다. 이 고질병이 치료되어야 비로소 하나님께 진정 헌신할 수 있는 일군이 될 수 있기 때문입니다.

이것이 바로 우리의 고생이 헌신으로 바뀌는 첫 번째 단계입니다. '내 스스로 할 수 있다는 교만함을 버리는 것' 하나님은 이런 단계에 이르기까지 우리 인생을 고생케 하십니다. 고생의 떡과 수고의 눈물을 흘리게 하시지요. 그렇기에 얼른 고백합시다. '하나님! 모든 것은 주님의 것입니다. 나는 내가 원하는 것을 스스로 할 수 없습니다. 주님이 직접 행해 주시옵소서.'

그런데 잠깐! 여기서 무지무지 중요한 질문이 있습니다. '왜 하나님은 야곱이 하란에서 고생해서 얻고자 했던 모든 것에 개입하셨을까요?' '그의 고생과 노력은 흐지부지되게 하시고 왜 하나님이 개입된 것만 야곱에게 남게 하셨나요?' 야곱의 14년의 고생의 결과들은 아무것도 남겨지지 않았지요. 보십시오. 야곱이 14년 동안 열정을 다해 사랑한 라헬을 통해 하나님은 아무것도 남기지 못하게 하셨습니다. 하나님이 태를 막으셨지요. 나중에 야곱이 하나님의 주권을 고백할 때까지 말이지요. 왜입니까? 왜냐하면 인간적인 고생의 결과들이 아닌, 하나님이 개입하셔서 주신 결과들로 하나님의 뜻을 이루는 도구가 되게 하시기 위함입니다.

이것이 은혜지요. 하나님은 우리의 헛된 수고의 삶에 개입하십니다. 우리의 멋대로 뒀다가는 아무것도 건질 것이 없다는 것을 아시는 하나님은 결정적인 순간에 개입하십니다. 그래서 하나님이 직접 우리의 인생을 쓸모 있게 만드십니다. 그리고 그것을 가지고 하나님의 비전을 이루는 데 쓰십니다. 대학생 때에 집에서 어떤 필요에 의해 혼자 찌개를 끓여 본 적이 있습니다. 물론 어머니가 옆에 계셨지요. 그때 어머니는 가만히 제가 하는 것을 보아만 주셨습니다. 그러다가 딱 한번 저를 도와주셨습니다. 찌개의 간을 볼 때입니다. 단 한 번의 도움이었습니다. 하지만 그 한 번의 도움으로 제가 끓인 찌개는 버려야만 했던 찌개에서 맛있는 찌개로 완벽하게 변화가 될 수 있었습니다. 마찬가지입니다. 하나님은 결정적인 순간에 우리가 망치고 있는 우리의 고생의 결과들에 개입하십니다. 그리고 놀랍게도 우리가 다 망쳐버린 것들을 쓸만하게 바꾸십니다. 야곱에게 그랬듯이 우리에게도 그러십니다. 그렇기에 이런 놀라운 하나님의 치유와 회복의 손을 기대하십시오.

예수님을 보십시오. 인간들이 아담으로부터 예수님께 이르기까지 스스로 다 망쳐놓은 구원의 길을 예수님이 결정적인 때에 오셔서 확 바꾸어 놓지 않으셨습니까? 그렇기에 우리가 헛된 고생을 하며, 나름대로 한다고 하며 망쳐버리고 있는 인생의 결과들을 예수님이 손 봐주시길 기대합니다. 그리고 완벽하게 고쳐주실 줄 믿습니다. 우리의 망가진 육체를 고치실 줄 믿습니다, 우리의 망가진 관계들을 고치실 줄 믿습니다, 우리의 망가진 비전을 고치실 줄 믿습니다, 우리의 망가진 환경들을 고치실 줄 믿습니다, 우리의 망가진 공동체를 고치실 줄 믿습니다, 우리의 망가진 교회를 고치실 줄 믿습니다, 우리의 망가진 사회와 민족을 고치실 줄 믿습니다, 우리의 망가진 열방들을 고치실 줄 믿습니다.

이제 정리합니다. 고생은 헌신이 아닙니다. 왜요? 고생은 나를 위해, 내 욕심을 위해 하는 것이기 때문입니다. 하지만 헌신은 다릅니다. 헌신은 내가 아닌 하나님과 하나님의 공동체를 위해 하는 고생입니다. 그렇기에 하나님은 우리가 사서 하는 고생이 아닌 헌신을 하는 사람이 되기를 원하십니다. 그래서 오늘 야곱을 통해 교훈을 주십니다. 야곱이 하란에서 20년 동안 고생고생하며 그토록 얻고자 했던 재물과 가정도 결국 하나님이 아니었으면 얻을 수 없는 그림의 떡이었다는 것을 가르쳐 주십니다. 한순간에 사라져 버릴 것들이었지요. 하지만 그 절체절명의 순간, 하나님은 개입하십니다. 그리고 이런 결정적인 순간에 고생의 결과물을 하나님의 도구로 회복시키시고 온전케 하십니다. 그러하기에 고생이 아닌 헌신이 되게 하기 위해선 우리 스스로 하려고 하는 고질적인 교만함을 버려야 합니다. 오직 하나님이 주인이 되어 행하시도록 해 드려야 합니다. 더불어 예수 그리스도로 말미암는 치유와 구원의 손길을 위해 기도해야 할 것입니다. 이제 여기에 기도제목이 있습니다. "주여! 우리의 고생이 헌신으로 바뀌게 하시고, 우리의 망가진 인생의 수고의 산물들에 보혈의 은혜를 내리사 회복하시고 새롭게 하시고 구원하소서. 주의 도구가 될 수 있도록 예수 그리스도의 이름으로 기도합니다. 아멘!"

제 **6** 장

야 곱 의 회 개 (창 3 5 : 1 - 5)

1. 귀향, 그 진정한 의미

　얼마 전에 민족의 큰 명절 구정이 있었지요. 저희 청년들도 많은 친구들이 고향으로, 가족 친지들을 뵈러 갔다 온 것으로 아는데요. 저는 다행히 부모님 집이나 처갓집이나 이 근처에 있어서 교회를 지키면서도 시간 나는 대로 틈틈이 본가와 처갓집을 들를 수가 있었습니다. 덕분에 오랜만에 가족들과 친척 분들을 다 뵙고 좋은 시간을 가졌습니다. 참 좋더라고요! 비록 짧은 시간이지만 오랫동안 보지 못한 가족과 친지들을 보고 그동안의 밀린 이야기를 나누고 또 앞으로 있을 중요 경조사들을 상의할 수가 있어서. 그런데 그중 가장 제 마음을 흐뭇하게 했던 것은 친숙함과 편안함이었습니다. 다른 어떤 만남들과 다르게, 몇 달 만에 보는데도 전혀 어색하지 않고 친숙하고 편안한 것이, 마치 아침에 만났다가 오후에 다시 보는 것 같은 느낌을 가질 수 있었습니다. 그리고 '역시 가족이구나!' 하는 생각! 가족의 소중함을 다시금 느낄 수 있게 했던 시간들이었습니다.

　그래서 집이 좋은 것인가 봅니다. 그곳은 단순한 어떤 가옥의 의미를 넘어서지요. 그곳은 언제나 나를 맞아주고 품어주고 쉬게 해주는 곳이라는 믿음을 주는 곳입니다. 예전에 '집으로'라는 영화가 있었습니다. 크게 히트를 친 영화인데요. 그 영화에서도 '집'은 단순한 가옥이 아니었습니다. 제가 그 영화를 보면서 이해하기에 그 집은 우리가 잃어버리고 있던 순수함, 관용, 돌봄, 인내, 이해, 용서들을 되찾는 곳, 회복하는 곳이었습니다. 어떻게요? 그곳에는 절대적인 사랑과 관용과 인내와 이해와 용서와 순수함을 가진 어머니라는 존재가 있었기 때문입니다. 결국 그 영화는 '현대인이 잃어버린 순수함, 관용, 돌봄, 인내, 이해, 용서 등은 집으로 돌아가야만 찾을 수 있지 않는가?'라는 질문을 던져주는 영화로 이해되었습니다.

그렇기에 집으로의 귀향은 단지 가옥에 돌아간다는 의미를 넘어섭니다. 그것은 내가 잃어버린 순수함을 되찾고, 내가 잃어버린 관용을 되찾고, 내가 잃어버린 돌봄을 되찾고, 내가 잃어버린 인내를 되찾고, 내가 잃어버린 이해를 되찾고, 내가 잃어버린 용서를 되찾는 것입니다. 이런 집으로의 귀향은 그렇기에 마치 어떤 영적인 경험과 흡사합니다. 수 멍크 키드란 분이 귀향의 이런 영적인 특징을 이렇게 이야기를 했습니다.

"귀향의 이미지는 자기 자신 즉 자신의 영혼으로 돌아간다는 전형적이고 강한 상징이다. 집으로 돌아가는 것은 내면의 깊은 근원, 하나님께서 내부에 조성하신 흔적으로 돌아가는 것이다. 따라서 집에 가면 우리는 있을 곳이 있다는 느낌, 깊은 영적인 소속감을 받는다. 우리 모두는 느끼든지 못 느끼든지 귀향에 대한 이런 뿌리 깊은 갈망을 가지고 있다."

귀향을 단지 집에 간다는 것을 넘어선, 우리의 영혼의 깊은 곳에 있는 하나님이 조성하신 흔적으로 돌아가고자 하는 갈망이라고 표현하고 있음을 보게 됩니다. 이런 하나님이 우리의 영혼에 조성하신 흔적에 대한 회구의 갈망을 우리가 쓰는 다른 용어로 무엇이라 할 수 있습니까? 바로 회개입니다. 회개가 그렇지 않습니까? 내가 죄악으로 잃어버린 순수함, 관용, 돌봄, 인내, 이해, 용서 등을 되찾는 것 아닙니까? 그래서 하나님이 창조 시에 내 안에 마련해 놓으신 하나님의 형상을 회복하는 것이 아닙니까? 그렇기에 집으로는 마치 영적인 귀향, 곧 회개와 비슷합니다. 우리는 이런 귀향과 회개와의 연관성을 우리 예수님이 해 주신 누가복음 15장의 탕자의 비유에서도 발견하게 됩니다. 못된 둘째 아들이 있었지요. 그는 아버지가 돌아가시기도 전에 아버지에게 자신의 몫에 해당하는 유산을 상속해 달라고 억지를 씁니다. 이것은 그 당시 관습법에 의하면 있을 수 없는 일이었지요. 그 당시 관습법에 의하면 아버지가 돌아가시기 전엔 절대로 상속이란 없었기 때문입니다. 그렇기에 둘째 아들의 이런 억지는 마치 아버지가 죽었으면 하고 말하고 있는 바와 같은 처사인 것입니다. 이런 후레자식이 어디 있습니까? 그런데도 아버지는 탕자에게 그 몫의 재산을 미리 상속해 줍니다. 이 재산을 챙긴 둘째 아들은 신이 났지요. 그리고 그는 모든 소유를 다 처분해서 현금으로 바꿔 007 가방과 사과상자에다가 빼곡히 챙겨 넣고서 먼 외국으로 떠나버립니다. 돈만 챙긴 것이 아니라 부자의 연마저 끊고자 작정한 모습이지요. '돈이 많겠다, 젊겠다,' 외국에서 둘째는 잘 나가는 외국인이었습니다. 돈을 물 뿌리듯 쓰며 허랑 방탕하게 사는 삶이 계속되었고요, 그의 돈을 보고 찾아오는 수많은 새로운 친구들이 생겨났지요. 그런데 허랑방탕한 삶을 언제까지 대줄 만큼 그가 가진 돈은 무한하지 않았습니다. 결국 그는 알거지가 되고 급전직하, 유대인들은 부정하게 여기고 이방인들도 꺼려하는 돼지 치는 일을 하게 됩니다. 살기 위해선 어쩔 수 없는 선택이었습니다. 그런데 문제는 돼지를 치며 돼지 사료인 쥐엄열매라도 얻어먹어야 할 판인데 그것마저도 뜻대로 되지 않았다는 것입니다. 이때 탕자는 이렇게 생각합니다. '우리 아버지 집에서는 종들도 배부르게 먹는데, 차라리 아버지 집에 돌아가서 종노릇을 하는 것이 이곳에서 돼지를 치면서도 쥐엄열매 하나 얻어먹지 못하는 지금의 생활보다는 낫겠다.' 그리고 그는 아버지 집으로 귀향합니다. 그런데 이게 웬일입니까? 아버지는 이미 아들이 돌아올 것을 알고 동구 밖까지 와서 기다리고 있었던 것입니다. 아마 매일 나와서 기다렸던 것 같습니다. 이윽고 아들을 발견한 아버지! 후레자식과 같은 아들인데도 불구하고 그를 달려가 껴안고 입 맞추고 그에게 자녀의 위치를 회복시켜주고 그를 위해 성대한 잔치를 베풀어 줍니다. '죽었다가 살아온 아들'이라고 하면서 말이지요. 여기서 주목해야 할 것이 있지요. 이 비유는 여러 가지 주제를 함축하고 있지만 중요한 한 주제는 바로 회개입니다. 예수님은 죄인한 명이 회개하는 것의 중요성과 하나님의 기쁨을 설명해 주시면서 이 비유를 해 주시고 있기 때문입니다. 그런데 보십시오. 탕자가 한일이라곤 집에 돌아오는 것밖에 없었습니다. 하지만 그의 귀향은 곧 그의 회개로 인정되었습니다. 무슨 말입니까? 집으로 돌아오는 것과 회개와 그 깊은 의미에서 서로 닿아있다는 것입니다.

2. 야곱의 귀향의 의미? 회개!

바로 이와 같은 귀향의 의미를 우리는 야곱에게서도 발견하게 됩니다. 집을 떠난 밧단아람으로 갔던 야곱, 그의 여행의 원래 계획은 형 에서의 분노가 풀릴 정도의 시간을 얻기 위한 시간을 벌고, 겸사해서 이방여인이 아닌 친족 중에서 아내를 얻기 위한 계획에서부터 이루어진 여행이었음을 알게 됩니다. 창세기 27장 45절과 28장 1-2절의 말씀이지요.

"네 형의 분노가 풀려 네가 자기에게 행한 것을 잊어버리거든 내가 곧 보내어 너를 거기서 불러오리라. 어찌 하루에 너희 둘을 잃으랴!"
(창27:45)

"이삭이 야곱을 불러 그에게 축복하고 또 부탁하여 가로되, 너는
가나안 사람의 딸들 중에서 아내를 취하지 말고 일어나 밧단아람으로
가서 너의 외조부 브두엘 집에 이르러 거기서 너의 외삼촌 라반의 딸
중에서 아내를 취하라." (창28:1-2)

리브가도, 이삭도, 야곱도 이 여행이 장차 어떻게 펼쳐질지 짐작
도 못하고 있음을 보게 되지요. 그런데 우리가 잘 알듯이 이 여행은
야곱에겐 어머니 리브가와는 다시 못 볼 영원한 이별이 된 여행이
되고요, 아버지 이삭과는 그의 거의 말년에나 다시 만나게 될 긴 이
별이 될 여행이었습니다. 왜요? 야곱이 다시 고향에 돌아오는데 무
려 30년이 넘게 걸렸기 때문입니다. 하지만 집을 떠날 때는 상상도
못했지요. 길어야 1-2년 정도 걸릴 여행으로 생각했던 것입니다.

그렇기에 야곱에게 있어 귀향은 그의 간절한 소망이었음을 보게
됩니다. 왜요? 집을 좋아하던 야곱인데 강제로 집을 떠나야 했고, 그
의 원래 의도와는 달리 너무나 긴 시간이 흘러 버렸기 때문입니다.
그리고 마지막으로 아버지 이삭을 이어 족장의 권리를 얻으려면 아
버지 곁으로 가는 것이 마땅했기 때문입니다. 우리는 이런 귀향에
대한 야곱의 간절한 소원을 그가 벧엘에서 하나님께 서원한 내용을
통해서도 확인하게 됩니다. 벧엘에서 야곱이 무엇이라 서원을 합니
까? 창세기 28장 21절입니다.

"나로 평안히 아비 집으로 돌아가게 하시오면 여호와께서 나의 하
나님이 되실 것이요" (창28:21)

그의 서원의 골자는 바로 집으로의 안전한 복귀입니다. 그러면 자신이 하나님께 서원한 것을 갚겠다는 것이었습니다. 그리고 하나님도 사실 야곱에게 약속하신 언약의 내용의 핵심도 바로 집으로의 복귀였음을 보게 되지요. 창세기 28장 15절입니다.

> "내가 너와 함께 있어 네가 어디로 가든지 너를 지키며 너를 이끌어 이 땅으로 돌아오게 할지라. 내가 네게 허락한 것을 다 이루기까지 너를 떠나지 아니하리라 하신지라." (창28:15)

하나님과 야곱의 언약과 서원의 연결고리의 중심에 "집으로의 귀향, 복귀"가 있음을 확인하게 됩니다. 그런데 여기서 중요하게 생각할 것이 있습니다. 여기서 하나님이 야곱에게 주신 비전은 단지 장자권만을 주겠다는 뜻이 아닙니다. '다 이루겠다'고 하시지 않습니까? 무엇을 다 이루겠다고 하신 것입니까? 사기꾼 야곱을 변화시켜, 깨어진 야곱이 되게 해 아브라함처럼 열국의 아비, 열국을 하나님의 이름으로 축복할 수 있는 축복의 통로가 되게 하시겠다는 것이 아닙니까. 참된 이스라엘로 만들겠다는 하나님의 의지의 표현이었습니다. 그렇기에 하나님이 야곱에게 하신 약속에는 두 가지의 의미가 함축되어 있는 것입니다.

첫째는 내가 야곱을 고향으로 돌아오게 해 주겠다.
둘째는 내가 야곱을 깨진 야곱, 이스라엘로 변화시켜 주겠다.

이 둘 중 하나라도 빠져버리면 하나님의 언약은 의미가 없는 것입니다. 그런데 야곱은 이 둘 중 하나만을 생각했습니다. 그는 단지 고향에 돌아가는 것만을 하나님이 자신에게 주신 언약이라고 생각했던 것이었습니다. 이것이 바로 야곱이 가진 가장 큰 문제였던 것입니다. 하나님은 단지 야곱이 고향으로 돌아가는 것이 아닌 깨어진 야곱, 변화된 야곱이 되어서 돌아가는 것에 의미를 두고 계셨기 때문입니다. 이런 하나님과 야곱과의 차이가 야곱의 삶에 계속적인 어려움을 겪게 하는 것을 보지요.

기억하십시오. 하나님의 생각과 다르게 살면 살수록, 그 차이가 크면 클수록 인생은 험악하게 되는 것입니다. 왜냐하면 하나님은 징계하시는 아버지이시기 때문입니다. 마치 아버지가 자녀가 바른 길로 가지 않으면 채찍을 들어 징계하시듯이, 하나님은 우리를 바른 길로 가게 하시기 때문입니다. 그렇기에 우리는 항상 주의를 집중해야 합니다. 자꾸만 하나님과 멀어지려는 내 가치관과 삶의 태도를 매일마다 교정해야 합니다. 무엇으로요? 말씀으로입니다. 기도입니다. 말씀과 기도를 통해 매일 조금씩 교정 받아야 합니다. 제 친구 둘 중 한 친구는 현직 아시아나 항공의 비행기 부기장이고, 한 친구는 전직 부기장입니다. 이 친구가 그러더군요. 비행기를 운행할 때 컴퓨터로 목표지점의 좌표를 찍고 자동항법장치로 운행하여 가지만, 사람이 계속적으로 항로를 체크하고 수정해야 한다고. 자칫 가만 놔두면 나중에 한꺼번에 너무나 많이 수정해야 하는 경우가 생겨 힘이 들 수가 있다고 합니다. 그래서 자주 자주 항로를 체크하고 수정해 주어야 한다는 것이지요. 이것은 우주왕복선도 마찬가지라고 합니다. 미 항공우주국 나사(NASA)에서 슈퍼컴퓨터가 아주 정확하게 항로를 계산하고 쏘아 올리지만 계속적인 항로 체크와 수정이 수시로 이루어져야 한다는 것입니다. 수만 번의 이런 과정이 반복될 때 비로소 우주선이 화성이든 다른 곳이든 목적지에 정확하게 도착할 수 있다는 것이지요. 즉 한 번 수정되었다고 안심할 것이 못 된다는 것입니다. 마찬가지입니다. 우리가 한 번 회심할 때 우리의 인생은 하나님께로 인생이 수정됩니다. 그럼 이제 수정이 필요 없습니까? 아닙니다. 한 번 크게 수정되었어도 하나님의 뜻을 물어 자신의 위치를 점검하는 것과 수정하는 것은 계속되어야 합니다. 그래야 야곱과 같은 실수를 범하지 않을 수 있는 것입니다. 로마서에서 바울도 무엇이라고 교훈합니까? 로마서 12장 2절이지요.

> "너희는 이 세대를 본받지 말고 오직 마음을 새롭게 함으로 변화를 받아 하나님의 선하시고 기뻐하시고 온전하신 뜻이 무엇인지 분별하도록 하라." (롬12:2)

하나님의 선하시고 기뻐하시고 온전하신 뜻이 무엇인지 분별하도록 하라고 명령하시지 않습니까? 그런데 여기서 '분별하라'는 헬라어 '도키마조'의 시제는 현재형입니다. 헬라어에서 현재형은 계속 진행 중인 동작의 의미를 내포하고 있습니다. 즉 분별하는 일은 한 번 하고 마는 일이 아니라는 것이죠. 계속 반복되어야 하는 일이라는 것입니다. 그렇기에 이미 하나님께 인생길이 수정되었던 분이라 하더라도 다시 한번 점검받으시기 바랍니다. 그리고 수정할 부분이 있다면 과감하게 수정할 수 있기를 바랍니다.

이 부분에서 야곱은 분별의 능력이 없었습니다. 그는 하나님이 주신 언약과 비전을 분별하려고 애를 써야 했습니다. 그를 고향으로 되돌아오게 하시겠다는 말씀 속에서 그를 깨어진 야곱으로 만들어서 돌아오게 하시겠다는 하나님의 강한 의지를 읽을 수 있었어야 했습니다. 그런데 그는 그것을 하지 못하고 만 것입니다. 아예 그런 생각조차 없었던 것을 보게 됩니다. 그런데 만약 야곱이 이런 하나님의 뜻을 분별했다면 어찌 되었을까요? 아마 야곱의 일생이 많이 달라졌지 않았을까요? 여기서 중요한 질문이 생기지요. "그럼 하나님이 그토록 원하셨던 '깨어진 야곱'이란 무엇을 의미하는 것입니까?" 바로 야곱의 회개입니다. 사기꾼 야곱, 인간적인 야곱이 깨어져서 철저하게 회개하는 것입니다. 어떤 회개입니까?

먼저는 야곱의 잘못된 비전을 회개하는 것입니다. 하나님의 비전을 자신의 욕망화한 것을 회개하는 것입니다. 하나님의 비전을 욕망화했기에 성급하고 조급했으며 거룩함이 결여된 방법으로 비전을 이루게 했던 인간의 간교한 술책을 회개하는 것입니다.

두 번째는 하나님이 주신 비전을 내가 가진 내 역량으로 이루려 했던 교만을 회개하는 것입니다. 야곱의 고질적인 질병과 같았던 스스로 해보려 했던 교만을 회개할 때 비로소 하나님이 야곱의 역량에 화룡점정의 은혜를 더하실 것이기 때문입니다.

세 번째는 자신의 뜻대로 되지 않았다고 냉담해지고 자포자기해 버리고 열정을 사그라지게 한 식은 마음을 회개하는 것입니다. 하나님의 열정을 자신의 감정적인 열정으로만 오해했던 잘못된 생각을 회개하는 것입니다. 그래서 다시금 하나님의 비전을 향한 순수한 열정의 불길이 타오르도록 하라는 것입니다.

네 번째는 스스로 하려 했기에 고생이 되어 버리고 헛되게 낭비된 자신의 인생길을 회개하라는 것입니다. 소중한 인생을 허비하고 낭비한 것도 큰 죄이지 않습니까? 회개해야 합니다. 그래야만 하나님이 개입하셔서 야곱의 고생의 결과들을 헛되지 않게 다시 회복하시고 새롭게 하실 것이기 때문입니다.

바로 이 4가지가 야곱이 고향으로 돌아오면서 하나님 앞에서 해야 할 회개의 내용이었습니다. 이것이 없이 야곱이 고향으로 돌아오는 것은 무의미했던 것입니다.

3. 가나안 땅 앞에서의 야곱의 방황 10년

그런데 안타깝게도 야곱은 하나님이 그를 집으로 돌아오게 하시겠다는 언약에 담긴 깨어진 야곱에 대한 하나님의 의지를 읽지 못했습니다. 그 결과 그는 집에 돌아가지 못하고 10년간 방황하게 됩니다. 어떤 방황입니까? 가나안 땅을 앞에 두고도 요단강을 건너 가나안 땅에 들어가지도 못하고 요단 동편 숙곳으로 돌아가서 살다가 언제인지는 모르지만 세겜으로 옮겨 산 10년간의 방황이었습니다. 야곱은 이 10년의 방황 끝에 결국 깨어진 야곱이 되어서야 집으로 돌아가게 됩니다. 이것이 무슨 말입니까?

1) 첫 번째 집으로 돌아갈 수 있었던 첫 번째 기회: 얍복 강 사건!

야곱이 10년의 방황을 하지 않고 집으로 돌아갈 수 있는 기회는 사실 10년 전에 얍복 강 나루터에서 있었습니다. 삼촌 라반과의 살 떨리는 대면을 마친 후, 드디어 20년 만에 요단강의 동쪽 지류인 얍복 강 나루터에 이른 야곱, 이제 이 얍복 강만 건너면 약속의 땅 가나안입니다. 20년 동안이나 꿈에 그리던 고향땅을 밟게 되는 순간입니다. 그런데 하나님의 입장에선 이대로 야곱을 가나안 땅에 들여보낼 수는 없으셨습니다. 왜요? 야곱은 아직 깨어진 야곱이 아니었기 때문입니다. 아직도 너무나 많은 인간적인 냄새가 풀풀 나는 야곱이었기 때문입니다. 그래서 하나님이 야곱을 깨뜨리시기 위해 일으키신 도구가 하나가 있습니다. 바로 야곱이 제일 두려워하는 평생의 적 형 에서입니다. 하나님은 야곱이 깨어지지 않은 채 요단강을 건너지 못하게 하시기 위해 에서를 야곱의 방망이로 키우셨습니다. 에서를 일거에 야곱을 박살낼 수 있는 힘을 가진 강인한 군사력을 갖춘 족장이 되게 하신 것입니다. 그리고 하나님이 마련하신 야곱의 방망이 에서 덕에 야곱은 우리가 잘 아는 얍복 강에서의 씨름사건을 겪게 됩니다.

내용인즉 이렇습니다. 야곱의 사자가 보고합니다. 야곱이 온다는 소식을 들은 에서가 군사 400명을 중무장시켜서 야곱에게 말을 달려 오고 있다는 것입니다. 이것은 분명 나쁜 소식입니다. 그냥 마중 나오려면 400명이나 필요하겠습니까? 그리고 무장은 왜 합니까? 이것은 필경 야곱에게 있던 원한이 아직도 남아있어서 복수하려고 오는 것이라고밖에 설명할 수 없는 일입니다. 그러니 난리가 난 것입니다. 기껏 삼촌 라반의 위험으로부터 벗어났는데 이제는 더 큰 위기입니다. 이때 우리가 잘 알다시피 야곱은 또 인간적인 꾀를 먼저 쓰지요. 하나님께 기도해야 함에도 그는 먼저 자신 스스로 이 문제를 해결하려 합니다. 바로 선물로 형의 마음의 노를 풀겠다는 계산입니다. 그리고 수많은 선물들을 준비합니다. 그 선물들을 두 떼로 나누어 자신의 앞서 보냅니다. 왜요? 자신을 보기 전에 죽 늘어선 선물들을 보면서 에서의 분노가 풀리길 바라는 마음입니다. 그리고 자신은 맨 뒤에 남지요. 다 요단강을 건너보내고 나서도 자신만은 요단강을 건너지 않고 있습니다. 혼자만 뒤에 남아있습니다. 창세기 32장 22-24절입니다.

"밤에 일어나 두 아내와 두 여종과 열한 아들을 인도하여 얍복 나루를 건널 새 그들을 인도하여 시내를 건네며 그 소유도 건네고 야곱은 홀로 남았더니 어떤 사람이 날이 새도록 야곱과 씨름하다가" (창 32:22-24)

혼자 요단강을 건너지 않고 있는 야곱! 여러분은 왜 야곱이 혼자 요단강을 건너지 않고 있다고 생각하십니까? 형이 무서워서요? 저도 그렇게 생각합니다. 무섭겠지요! 망설여지고요! 하지만 더 깊은 영적인 이유가 있습니다. 바로 하나님이 못 건너게 하신 것입니다. 왜요? 아직 깨어지지 않았기 때문입니다. 회개를 통해 깨어진 야곱이 되지 않았기 때문입니다. 그렇기에 사실 야곱이 요단강을 혼자 건너지 않은 것은 표면적인 이유는 무서워서이지만 근본적인 이유는 하나님이 막으셨기 때문입니다. 하나님은 준비가 안 된 자녀에겐 준비가 될 때까지 약속을 이루시는 것을 보류하십니다. 보류입니다. 폐지가 아닙니다. 출애굽한 이스라엘도 보십시오. 준비가 안 되니까 11일이면 갈 수 있는 길을 40년간을 헤매고 다니지 않습니까? 하나님은 그 이유를 블레셋 사람들의 땅이 가까울지라도 전쟁을 보면 뉘우쳐 돌이켜 애굽으로 갈 것 같아서 광야 홍해 길로 이스라엘을 인도하셨다고 분명하게 설명하지요. 그렇기에 하나님 앞에 무언가를 달라고 하시기 전에 여러분의 그릇을 준비하십시오. 구원의 은혜는 아무 준비 없이 거저 받습니다. 오직 중생의 씻음과 성령의 새롭게 하심으로 거저 받지요. 하지만 구원 이후 하나님의 비전과 능력 그리고 은사와 같은 것들은 준비되어야 받습니다. 제가 제 딸 윤서를 아무리 사랑해도 7살 먹은 아이에게 전자사전을 사 주겠습니까? 아니요! 전자사전을 사 줘 봤자 윤서에게는 무용지물입니다. 하지만 중학생이 된 윤영이에게는 말을 하지 않아도 제가 사줍니다. 왜요? 그것을 사용할 만한 능력이 되기 때문입니다. 그렇기에 하나님 앞에 무엇을 달라고 하시기 전에 부지런히 성장하고 성숙하여 큰 그릇을 준비하십시오. 그러면 하나님이 알아서 채우실 것입니다.

깨어짐이 준비가 안 된 야곱을 얍복 강가에 홀로 남겨두신 하나님은 야곱에게 깨어질 기회를 주십니다. 바로 하나님의 천사를 보내 야곱과 씨름하게 하신 것입니다. 창 32장 24절을 보겠습니다.

> "야곱은 홀로 남았더니 어떤 사람이 날이 새도록 야곱과 씨름하다
> 가" (창32:24)

본문에서 주목해야 할 것은 씨름을 건 주체가 누구인가 하는 것입니다. 야곱입니까, 어떤 사람입니까? 어떤 사람입니다. 야곱이 먼저 씨름을 하자고 한 것이 아닙니다. 이것이 은혜입니다. 왜 하나님은 천사를 시켜 야곱과 씨름하게 하셨을까요? 하나님께 지라는 것입니다. 항복하라는 것입니다. 즉 회개하라는 것입니다. 하나님은 먼저 찾아오십니다. 그리고 우리에게 하나님께 그만 질 것을, 회개할 것을 말씀하십니다. 저는 이런 모습을 보면서 불행했던 한 커플이 생각이 납니다. 이 형제와 자매는 진실한 사랑을 했습니다. 서로 결혼까지 약속한, 참으로 소중하게 여기는 사랑이었습니다. 그런데 문제가 있었습니다. 자매가 자존심이 너무 강하다는 것이었지요. 그러던 어느 날 별것 아닌 것으로 둘이 말다툼을 벌였습니다. 그런데 자존심이 강한 자매가 홧김에 헤어지자고 말을 해 버렸습니다. 물론 전혀 마음에도 없는 말입니다. 몇 시간만 지나면 후회할 말이지요. 형제는 자매가 자신을 아직도 너무 사랑하고 있고 몇 시간이 지나면 자신이 헤어지자고 한 말을 무진장 후회할 것이라는 것을 압니다. 그런데 문제는 이 자매는 가만히 놔두면 절대로 먼저 미안하다고 할 여자가 아니라는 것도 압니다. 왜요? 자존심이 너무 강하기 때문입니다. 그렇기에 이 형제는 헤어지자는 말을 들어서 마음에 상처를 받았지만 그래도 자매에게 먼저 찾아갔습니다. 그러면서 이야기했지요. '나를 아직도 사랑한다면 네가 한 말을 취소하라. 그리고 그 부분에서 미안하다고 해라. 이번 한 번만 내게 져 줘라. 그러면 이제부터 내가 모든 것들을 다 져 주마.' 그런데 이 자매는 끝끝내 미안하다는 말

을 안 했습니다. 결국 둘은 끔찍이도 사랑하면서도 헤어지고 말았습니다. 정말 바보들이 아닙니까? 한 번 져 달라는데, 그러면 앞으로는 내가 다 져 줄 것이라는데 그것을 왜 못합니까? 그깟 자존심이 무엇이라고? 저는 야곱에게 찾아오신 하나님이 마치 이 형제처럼 느껴집니다. '한 번만 져 줘라! 내 고집을 한 번만 꺾어 봐라! 그럼 내가 너를 네가 그토록 그리던 고향집, 부모님의 품으로 데려가 줄게.' 그런데 야곱은 끝끝내 지지 않습니다. 오히려 하나님의 천사를 이겨먹으려 합니다. '씨름하다'라는 뜻의 히브리어 '아바크'는 '둘이 대등한 관계에서 힘을 겨루다'라는 뜻입니다. 야곱은 오히려 하나님의 천사에서 자기 계획과 자기주장을 내세웁니다. '하나님이 져 주세요! 내가 이미 모든 계획을 다 세워놨으니까 하나님은 내 계획에 사인만 해 주세요!' 이것은 나쁜 소행이지요. 호세아 12장 2-3절에서 분명하게 말씀하십니다. 그렇기에 얍복 강가의 씨름은 결코 야곱의 회개기도가 아닙니다. 하나님의 간절한 소원을 무시하고 오히려 하나님께 자신의 뜻을 강요한 불순종의 자리인 것입니다. 이것이 야곱의 어리석음입니다. 이 자리는 하나님이 그에게 깨어진 야곱이 되어 집으로 돌아갈 수 있도록 주신 첫 번째 기회였기 때문입니다. 하지만 야곱은 그 기회를 놓쳤지요. 결국 하나님은 야곱의 환도 뼈를 위골시키십니다. 골반 뼈지요. 서 있지 못하도록 하기 위해서입니다. 스스로 무언가를 하려 했던 야곱의 인간적인 꾀와 능력을 무력화시켜서 하나님만 의지하고 회개케 하려는 하나님의 강력한 은혜인 것입니다. 하나님은 정말 말을 해도 해도 안 들으면 치십니다. 꼼짝 못하게 치십니다. '천부여 의지 없어서'를 부를 수밖에 없도록 하십니다. 제가 항상 하는 이야기입니다. 늦기 전에 돌아옵시다. 하나님의 펀치는 빗맞아도 K.O입니다.

여기서 꼭 생각하고 넘어가야 할 것이 있습니다. 만약 야곱이 하나님의 천사와 밤새 씨름하지 않았다면 과연 하나님은 야곱을 에서의 손에서 건져주셨을까요? 답은 건져주셨다입니다. 이것은 야곱이 밤새 씨름하지 않았어도 이미 하나님이 그렇게 해 주실 일이었습니다. 왜요? 하나님은 이미 벧엘에서 야곱을 지켜주시겠다고 약속하셨고, 삼촌 라반의 경우에서도 지키신다는 약속을 신실하게 수행하심을 보여주셨고, 또 마하나임에서는 아예 하나님의 군대를 보여주심으로, 하나님이 군대를 보내 야곱을 지키고 계심의 확증을 보여주셨기 때문입니다. 한 번이 아닙니다. 여러 번에 걸쳐서 하나님은 '야곱, 너는 걱정 마. 너는 내가 지켜줄게.'라고 해 주셨던 것입니다.

그렇기에 야곱이 죽기 살기로 씨름한 얍복 강가의 씨름은 에서에게서 살려달라고 한 씨름이라면 헛수고입니다. 사서 한 고생이지요. 그렇기에 얍복 강의 씨름은 밤새 헛수고를 한 것입니다. 야곱은 한 가지 목적, 에서로부터 살려달라고 매달린 것이니까요. 이것이 바로 깨어지지 않은 야곱과 같은 인생을 사는 사람들의 특징입니다. 이들은 분주하고 바쁘고 힘들게 삽니다. 나름대로 생사의 위기에서 살기 위해 버둥거리지요. 그런데 그건 자기 혼자 버둥거리는 겁니다. 그렇게 버둥거리지 않아도 이미 하나님이 살길을 마련해 주셨거든요. 그렇기에 더 이상 하나님이 여러분의 삶에 씨름을 걸어오실 때 제발 쓸데없는 것을 가지고 목숨이 걸린 것처럼 버둥거리지 마십시오. 그것은 여러분이 걱정할 것이 아닙니다. 그것은 이미 하나님이 다 알아서 해 주실 문제입니다. 하나님이 여러분의 삶에 씨름을 걸어오실 때에 정말 여러분이 걱정해야 할 것은 여러분 안에 깨어지지 않은 야곱의 심성이 있는가입니다. 회개치 못한 굳은 마음이 있는가입니다. 그것을 걱정하고 그것으로 밤새 씨름하고 울어야 합니다. 혹시 하나님이 여러분의 삶에 병마로 씨름을 걸어오셨습니까? 병마를 놓고 씨름하라고 하신 것이 아닙니다. 여러분 안에 있는 야곱의 심령을 깨뜨리시기 위함임을 기억하십시오. 하나님이 경제적인 문제로, 혹은 비전의 문제로, 혹은 결혼의 문제로, 혹은 관계의 문제로 씨름을 걸어오셨습니까? 그렇다면 경제적인 문제를 놓고, 비전의 문제를 놓고, 관계의 문제를 놓고 밤새 씨름하는 헛수고를 하지 마십시오. 오직 여러분 안에 있는 야곱이 깨어지길 위해 밤새 씨름하십시오. 야곱의 헛수고를 멈추게 하시기 위해 하나님은 환도 **뼈**를 치십니다. 이제 '꼼짝 마'라는 말씀입니다.

여기서 중요한 질문을 던지게 됩니다. 그럼 환도 **뼈**를 위골당한 야곱이 회개하고 하나님께 돌아왔을까요? 아닙니다. 야곱은 하나님께로 돌아오지 않았습니다. 물론 깨어진 부분이 없진 않습니다. 하지만 그는 덜 깨어진 상태였습니다. 그것을 어떻게 압니까? 보십시오. 이제는 도망갈 수도 없는 상황에서 야곱의 마음은 무너져 내리지요. 어쩔 수 없이 모든 것을 하나님께 맡길 수밖에 없는 상황에 놓인 것입니다. 야곱이 깨어져 보이는 순간입니다. 창세기 33장 3절입니다.

> "자기는 그들 앞에서 나아가되 몸을 일곱 번 땅에 굽히며 그 형 에서에게 가까이 하니" (창33:3)

에서 앞에 서는 야곱의 모습을 보십시오. 땅에다가 코를 박는 절을 일곱 번이나 합니다. 이것은 그 당시 궁중에서 신하가 왕을 만날 때 하는 행동과 같습니다. 엄청난 예의요, '나는 당신의 종입니다'라는 표시입니다. 이런 야곱의 모습에서 팥죽으로 형의 장자권을 사고, 형의 장자권을 아버지를 속여 **빼앗은** 욕심 많고 형과 경쟁하여 이기려는 옛 야곱의 모습이 눈곱만큼이라도 보입니까? 아니요! 완전하게 에서에게 복종하고 있는 모습입니다. 이것입니다. 하나님이 원하시던 진정한 장자의 모습은 이런 모습이었습니다. 하나님의 장자는 세상의 장자와 다릅니다. 세상의 장자는 군림하고 높임을 받지만 하나님의 장자는 낮아져서 섬기고 멸시를 당합니다. 하지만 그 멸시를 통해 세상이 하나님의 부요와 복을 얻게 되는 것이지요. 복의 통로의 역할을 하게 되는 것이지요. 우리 예수님도 누가 크냐, 누가 장자가 될 것인가를 놓고 다투는 제자들에게 말씀하십니다. 마가복음 10장 42-45절입니다.

> "예수께서 불러다가 이르시되 이방인의 소위 집권자들이 저희를 임의로 주관하고 그 대인들이 저희에게 권세를 부리는 줄을 너희가 알거니와 너희 중에는 그렇지 아니하니 너희 중에 누구든지 크고자 하는 자는 너희를 섬기는 자가 되고 너희 중에 누구든지 으뜸이 되고자 하는 자는 모든 사람의 종이 되어야 하리라. 인자의 온 것은 섬김을 받으려 함이 아니라 도리어 섬기려 하고 자기 목숨을 많은 사람의 대속물로 주려 함이니라." (막10:42-45)

우리 예수님이 그러하셨듯이 하나님 나라의 장자는 모든 사람의 종이 되어야 합니다. 우리 예수님이 하나님의 장자이시면서도 자기의 목숨을 모든 이들의 대속물로 주셨듯이 제자들도 그러해야 한다는 것입니다. 야곱은 장자권이 이런 섬김의 축복 권임을 몰랐지요. 그렇기에 그는 마땅히 존경하고 떠받들어야 할 형에서에게 그렇게 해 주지 않았습니다. 오직 야곱은 에서를 경쟁자로만 생각한 것입니다. 하지만 하나님은 야곱이 에서의 발 앞에 무릎을 꿇는 것을 원하셨습니다. 그것은 굴종의 무릎 꿇음이 아닙니다. 그것은 진정한 하나님 나라의 장자가 무엇임을 아는 자가 당연히 해야 할 섬김의 무릎 꿇음이었습니다. 그렇기에 에서 앞의 야곱의 모습은 참으로 하나님의 마음을 흡족하게 했을 것 같습니다. 하나님이 야곱을 그렇게 만드시는 데 무려 90년이 걸리신 것입니다. 대단하시지요. 야곱이 그

의미를 알았던 몰랐던 지금 야곱은 하나님의 마음을 흡족케 하고 있었던 것입니다. 그렇기에 여러분도 깨어진 야곱이 되시려면 무릎을 꿇으십시오. 그 사람에게, 내가 지기 싫어서 미워하고 시기하고 다투던 그 사람에게 무릎을 꿇으십시오. 그것이 바로 깨어진 야곱, 하나님의 장자가 되는 길입니다.

그런데 참으로 안타깝게도 야곱은 깨어지긴 했는데 완전히 깨어진 상태가 아니었습니다. 야곱은 다시금 그의 고질병이 도집니다. 스스로 생각하고 행동하는 것입니다. 그리고 야곱은 결국 형 에서를 속입니다. 형 에서가 야곱 일행을 에스코트 해주겠다는 요청을 거짓말로 거절합니다. 라반을 도망칠 때는 빨리도 달리더니만 에서가 지켜주겠다고 할 때는 부녀자와 애들이 있고 양들이 새끼를 배서 빨리 못 간다고 핑계를 대지요. 그리곤 말합니다. 형님 먼저 가십시오. 저는 곧 뒤따라갈 것입니다. 그런데 야곱이 진짜 뒤따라갑니까? 아닙니다. 세일로 에서를 천천히 뒤따라가겠다는 거짓말로 일단 에서를 돌려보내는 데 성공한 야곱은 재빨리 다시 요단강을 건넙니다. 그래서 숙곳으로 도망을 칩니다. 숙곳은 가나안 땅이 아닙니다. 요단강 동쪽에 있는 땅입니다. 얍복 강에서 북쪽으로 1.6㎞ 떨어진 곳에 위치한 곳이지요. 참으로 기가 막히지 않습니까? 그토록 원하던 가나안 땅을 앞에 두고, 평생의 대적 에서와의 화해도 이룬 상태에서 야곱은 다시 요단 동편으로 도망갑니다. 야곱 제2의 도망사건이 발생한 것입니다.

그런데 재미있는 것은 야곱은 도망을 갔는데 멀리 가지는 않았다는 것입니다. 이것이 덜 깨어진 야곱의 특징입니다. 하나님의 은혜를 알거든요. 하나님이 어떻게 자신을 인도하셨고 대적의 손에서 어떻게 건지셨는지를 체험했거든요. 하지만 전적으로 하나님만 의지하기에는 왠지 불안합니다. 그래서 나름대로 보험의 성격으로 다시금 자신이 할 수 있는 자구책을 마련하지요. 그러나 멀리 가지는 않습니다. 언제든지 돌아올 수 있는 거리에 삽니다. 이것이 바로 덜 깨어진 야곱들의 특징입니다. 여러분은 어떻습니까? 언약의 땅 근처에서 집 짓고 살고 있지는 않습니까? 언제든지 가나안 땅으로도 올 수 있고 또 이방 땅으로도 도망갈 수 있는 위치에서 적절하게 대처하면서 살고 있지는 않습니까? 덜 깨어진 야곱의 모습입니다. 이런 모습으로는 결코 진정한 장자, 복의 통로가 될 수 없습니다. 하나님은 완전히 깨어지기를 원하십니다. 덜 깨어졌기에 결국 또 스스로의 판단대로 행한 야곱, 결국 야곱은 하나님이 그에게 주신 1차 회개의 기회, 1차 귀향의 기회를 무산시켜 버리고 말았습니다. 하지만 하나님은 야곱이 완전히 깨어질 때까지 절대 포기하지 않으셨습니다. 그리고 여호와의 열심으로 야곱을 몰아가십니다. 완전히 깨질 때까지.

2) 집으로 돌아갈 수 있는 두 번째 기회: 벧엘의 회개!

얍복 강에서 회개의 기회를 놓치고 결국 집으로도 가지 못한 야곱은 숙곳에서 우릿간을 짓고 삽니다. 이것은 그곳에서 정착하겠다는 것이지요. 그런데 어느 순간 야곱은 슬그머니 요단을 넘어 가나안 땅 세겜에 이르러 삽니다. 야곱이 숙곳과 세겜에서 산 시간이 한 10년 정도 됩니다. 그런데도 그는 이상하게 집으로는 가지 않습니다. 그리고 이것도 덜 깨어진 사람의 특징입니다. 은혜 안에 거할 수도 있지만 결코 은혜의 본질에는 가려 하지 않는 모습입니다. 항상 은혜의 물가에서만 만족하며 살지요. 하지만 깊은 은혜는 싫어합니다. 부담이 되니까요. 이때 하나님이 다시 야곱을 다루시기 시작하십니다. 진짜 은혜, 깊은 은혜로 그를 이끄시기 위함입니다.

그런데 하나님이 야곱을 다루시는 방법을 보면 좀 과격하십니다. 부드러운 방법을 안 쓰시지요. 오해 마십시오. 이것은 결코 하나님 탓이 아닙니다. 그만큼 야곱이 죄의 고집이 강하다는 것입니다. 과격하지 않으면 좀처럼 충격을 받지 않기 때문이지요. 하나님이 선택하신 과격한 방법은 야곱의 딸 디나가 세겜 성의 휘황찬란한 문화를 구경하러 겁도 없이 나갔다가 세겜 성주의 아들에게 겁탈을 당한 사건이었습니다. 비극이지요. 아버지 입장으로 이것은 충격적인 일이 아닐 수 없습니다. 그런데 황당한 일은 겁간한 주제에 세겜 성주의 아들이 디나를 좋아하게 되었다는 것입니다. 그리고 아내로 삼으려하지요. 이때 야곱은 일단은 꾹 참습니다. 힘이 그들보다 약하니까요. 또 아들들도 양 치러 갔다가 아직 다 모이지 않았기 때문입니다. 드디어 12아들들이 모이자 가족회의가 열리고, 이들은 이런 타협안을 내놓습니다. 세겜 성의 모든 남자들이 히브리인처럼 할례를 행하면 디나를 주고 한 민족이 되겠다는 것입니다. 이 제안에는 아주 간교한 속임수가 있었지만 세겜 성 사람들은 의외로 순진했습니다. 그들은 그 말을 곧이곧대로 믿었지요. 그들로도 손해가 나는 거래는 아니니까요. 왜냐하면 이때쯤의 야곱의 재산은 굉장했기 때문입니다. 결코 손해가 날 일이 아니지요. 그리고 계약이 성사되고 세겜 성 남자들 모두가 다 할례를 행합니다. 이때 비극이 발생하지요. 할례 후 가장 아프다는 3일째 되던 날, 레위와 시므온이 세겜 성을 급습합니다. 당연히 움직일 수가 없던 세겜 성의 남자들은 대항 한 번 못하고 몰살을 당합니다. 그런데 더 황당한 것은 야곱의 여러 아들들이 시체가 즐비한 세겜 성에 들어가 닥치는 대로 다 노략하고 여자들과 아이들을 잡아왔다는 것입니다. 복수를 빙자한 만행이 벌어진 것입니다. 자신의 동생 하나를 강간했다는 이유로 그들은 세겜 성의 모든 남자들을 다 죽이고 모든 여자들을 다 자신들의 것으로 만들어 버립니다. 추악한 만행이라고밖에 할 수가 없지요. 이것이 바로 야곱 집안의 영적인 상태였습니다. 절대로 이대로는 축복의 통로가 될 수가 없겠지요.

그런데 문제는 이후였습니다. 그 좁은 가나안 땅에서 나그네로 머물던 야곱 집안의 이런 만행이 알려지는 것은 시간 문제였습니다. 그러면 같은 가나안 인들이 가만히 있을 리 없겠지요. 반드시 복수하려 할 것이고, 야곱 집안이 온 가나안 인의 대적이 되는 것은 시간문제가 된 것입니다. 지금 야곱 집안이 졸지에 몰살당할 대위기에 처한 것이지요. 너무나 큰 죄악이기에 이제 어디로 피할 데도 없고 어떻게 할 방법도 없습니다. 이때 드디어 야곱이 완전히 깨어지기 시작합니다. 길고 지루한 하나님과의 싸움에서 야곱이 백기를 들고 하나님이 승리하시는 놀라운 모습입니다.

드디어 야곱은 벧엘을 기억합니다. 그리고 벧엘로 가기로 합니다. 왜요? 이제 하나님이 집으로 돌아오게 하시겠다는 귀향의 의미에는 3가지의 삼중의미가 있다는 것을 깨달은 것입니다. 첫째는 가나안 땅으로의 귀향이요, 두 번째는 육신의 집으로의 귀향이요, 세 번째로는 영혼의 집인 하나님께로의 귀향이라는 사실입니다. 그는 지금까지 첫 번째, 두 번째만 생각했지요. 그리고 그 귀향이 줄 장자권만 생각했지요. 하지만 이제야 비로소 세 번째 귀향이 진정 가장 중요한 귀향이라는 것을 깨달은 것입니다. 그리고 그 귀향은 철저한 자기 부인, 사기꾼 야곱이 깨어지는 것을 통해서만 가능하다는 것을, 회개의 눈물바다를 통과해서만 갈 수 있는 것이라는 것을 깨닫게 됩니다. 이때 비로소 야곱은 온전하게 깨어집니다. 이때 비로소 야곱은 진정한 회개를 합니다. 그런데 이번엔 자신뿐만 아니라 온 가족을 다 이 회개에 참여시킵니다. 이런 감격적인 회개의 모습이 바로 오늘 본문입니다. 창세기 35장 1절에서 5절까지입니다.

　"하나님이 야곱에게 이르시되 일어나 벧엘로 올라가서 거기 거하며 네가 네 형 에서의 낯을 피하여 도망하던 때에 네게 나타났던 하나님께 거기서 단을 쌓으라 하신지라 야곱이 이에 자기 집 사람과 자기와 함께 한 모든 자에게 이르되 너희 중의 이방 신상을 버리고 자신을 정결케 하고 의복을 바꾸라 우리가 일어나 벧엘로 올라가자 나의 환난 날에 내게 응답하시며 나의 가는 길에서 나와 함께 하신 하나님께 내가 거기서 단을 쌓으려 하노라 하매 그들이 자기 손에 있는 모든 이방 신상과 자기 귀에 있는 고리를 야곱에게 주는지라 야곱이 그것들을 세겜 근처 상수리나무 아래 묻고 그들이 발행하였으나 하나님이 그 사면 고을들로 크게 두려워하게 하신고로 야곱의 아들들을 추격하는 자가 없었더라" (창35:1-5)

　저는 이 본문을 읽을 때마다 감격이 솟아오릅니다. 하나님이 정말 대단하시다는 고백이 터져 나옵니다. 결코 포기치 아니하시고 끝까지 그의 자녀를 회복시키시는 하나님의 열심에 감탄할 뿐입니다. 그 머리 잘 굴리고 하나님도 이겨먹으려 했던 야곱의 회개를 보십시오. 그는 모든 이방 신상을 다 버립니다. 그동안 야곱 집안에 우상 천지였음을 보여주는 모습입니다. 또 자신들을 정결케 하라고 합니다. 죄지을 생각을 말라는 것입니다. 그리고 삶을 변화시키라고 합니다. 의복을 바꾸라는 말의 의미입니다. 이런 준비 후에 벧엘로 가서 그의 나이 30살 때 했던 서원대로 벧엘의 하나님께 서원을 갚겠다는 것입니다. 참고로 지금은 100살 정도 됩니다. 서원도 참 더디게 갚지요?

　그런데 여기서 놀라운 것은 야곱이 벧엘로 올라가겠다고 한 결단입니다. 왜요? 벧엘은 가나안족속들이 사는 핵심 도시 중의 도시입니다. 즉 가나안의 중심부라는 것입니다. 지금 야곱이 어떤 처지에 있습니까? 가나안족속들이 야곱족속을 잡기만 하면 몰살하겠다고 벼르고 있는 상황입니다. 그런 상황에서는 예전의 야곱이라면 어찌 했을까요? 아마 절대 벧엘로 안 갔을 것입니다. 어찌하든지 사해를 건너 모압이나 암몬지경으로 도망가려 했겠지요. 그렇기에 지금 야곱의 행동은 '죽으면 죽으리라'는 결단 있는 행동인 것입니다. 예전의 야곱과 180도 다릅니다. 그는 철저하게 하나님만을 의지하고 있습니다. 하나님께 생살여탈권을 내어드리고 있습니다. 안 것이지요. 자기가 깨어지고 죽는 것이 진정 하나님의 비전을 이루고, 자기에게 말씀하신 장자의 권을 얻는 길이라는 것을, 진정한 회개만이 살길이라는 것을 늦었지만 제대로 깨달은 것입니다.

그리고 놀라운 일이 벌어집니다. 하나님이 사방 대적들에게 두려움을 주셔서 야곱을 해칠 엄두를 내지 못하게 하셨다는 것입니다. 창세기 35장 5절입니다.

> "그들이 발행하였으나 하나님이 그 사면 고을들로 크게 두려워하게 하신고로 야곱의 아들들을 추격하는 자가 없었더라." (창35:5)

대단하지요? 그리고 하나님은 야곱을 이스라엘로 부르십니다. 진정한 장자권을 얻은 자 이스라엘입니다. 만민을 축복하는 자리에 선 자 이스라엘입니다. 아브라함과 이삭의 뒤를 잇는 믿음의 조상의 반열에 서는 순간이자, 야곱이 그토록 얻기 원했던 것을 얻는 순간인 것입니다. 이것입니다. 하나님만이, 회개만이 살길입니다. 다른 어떤 것도 이것보다 우선할 수가 없습니다. 그런데 이것만이 놀라운 일이 아닙니다. 이 일 후에 비로소 야곱은 그가 그토록 그리던 자신의 집에 드디어 도착합니다. 창세기 35장 27절입니다.

> "야곱이 기럇아르바의 마므레로 가서 그 아비 이삭에게 이르렀으니 기럇아르바는 곧 아브라함과 이삭의 우거하던 헤브론이더라." (창35:27)

70세의 나이에 형 에서를 피해 밧단아람으로 간 지 언 30년 만인 야곱의 나이 100세, 이삭이 160세로 하나님의 부르심을 받기 20년 전이었습니다. 30년 만의 귀향! 그러나 이 귀향은 단순한 집으로의 귀향이 아니었지요. 깨어진 야곱으로서의 귀향, 이스라엘로서의 귀향, 아브라함과 이삭을 이어 믿음의 조상, 축복의 통로로서의 귀향인 것입니다. 그리고 하나님이 야곱과의 언약을 끝까지 지키시며 그 지루한 싸움에서 승리하셨음을 선포하는 귀향인 것입니다.

4. 야곱의 회개, 우리의 회개!

기억합시다. 회개만이 살길입니다. 우리의 덜 깨어진 야곱의 심령을 깨뜨리는 회개만이 살길입니다. 회개할 때 하나님은 불쌍히 여기십니다. 긍휼히 여기십니다. 그리고 대역전의 삶을 허락하십니다. 참으로 복 있는 인생이 되는 것입니다. 그렇기에 시편의 대표적인 회개시인 시편 32편에서 시인은 회개하여 죄 사함을 받은 자를 보며 이렇게 말합니다. "아쉬레~" 1절과 2절에서 공통적으로 나타나는 감탄사입니다. 내용인즉 "참 행복이 있도다!" 무슨 말입니까? 회개하는 자는 참 행복한 자라는 것입니다. 이것이 놀랍지 않습니까? 죄인에서 참 행복한 자로의 대변화와 전환이 대단하지 않습니까? 우리가 얼핏 생각하기에 죄인에서 그 중간 단계로 일반인, 그리고 행복한 사람, 이런 수순을 밟아 나가야 정상일 것 같지 않습니까? 그런데 시편에서는 그 중간 단계를 뛰어 넘습니다. 죄를 지어 그 죗값으로 죽을 수밖에 없는 비참한 존재에서 바로 참 행복한 자로의 대역전이 일어나고 있는 것입니다. 바로 회개가 이것을 가능케 하고 있는 것입니다.

그런데도 왜 우리가 회개하지 않습니까? 이것에 대해 시편 32편 3절은 그 이유를 이렇게 설명합니다.

"내가 토설치 아니할 때에 종일 신음하므로 내 **뼈**가 쇠하였도다." (시32:3)

이것을 쉬운 말로 번역하면 이렇습니다. "내가 입 다물고 있으므로 온종일 내 신음 속에서 내 **뼈**들이 사그라지는도다."(시32:3)! 시인은 이야기하지요. "내가 입 다물고 있다." 왜요? 자존심 때문입니다. 제 고집 때문입니다. 왜 야곱이 그 많은 세월동안 그 쉬운 회개를 제대로 한 번 해 보지 못했습니다. 제 고집 때문입니다. 제 자존심 때문입니다. 누구에게도 지기 싫다는 것입니다. 그 대상이 설령 하나님이시라도 지기 싫다는 것입니다. 그러다가 결국 그의 나이 100세 때쯤 백기를 든 것입니다. 아쉬운 부분이 아닐 수 없습니다.

하나님은 회개하는 심령을 멸시치 않으십니다. 하나님은 우리의 반역죄도 용서해 주시고 우리의 모든 죄도 가려 주십니다. 못 본 체해 주신다는 것입니다. 단 그 영혼에 두 마음, 즉 거짓이 없이 하나님께 죄를 고하고 용서를 구하는 자입니다. 우리는 야곱일 수밖에 없습니다. 저는 야곱을 연구하면서 어쩌면 야곱의 죄악된 속성이 이처럼 나랑 닮았는지 기겁을 하지 않을 수 없었습니다. 그렇기에 우리는 야곱처럼 험악한 세월을 살 수밖에 없는 존재였습니다. 하지만 우리는 야곱과 다른 것이 하나 있습니다. 그것은 바로 야곱은 그의 죄악이 심은 열매대로 거두어서 험악하게 살았지만 우리는 우리가 심은 죄악의 열매를 대신 짊어지시고 십자가에서 용서하신 우리 주님이 계신다는 사실입니다. 그렇기에 우리는 우리가 행한 대로 살지 않을 수 있습니다. 우리는 우리 주님의 보혈로 말미암는 구원과 죄사함의 은혜로 행위대로가 아닌 은혜대로 살 수 있는 존재가 되었습니다. 그런데 이 주님의 은혜를 받는 비결도 역시 회개입니다. 주님은 자백하는 심령을 미쁘시게 봐주시고 의롭다 여겨주십니다.

이제 말씀을 정리합니다. 우리는 야곱입니다. 깨어지지 않던 야곱입니다. 하지만 지금 우리는 깨어진 이스라엘입니다. 우리의 비전이 깨어졌고, 우리의 역량이 깨어졌고, 우리의 열정이 깨어졌고, 우리의 헌신이 깨어졌고, 우리의 회개가 깨어졌습니다. 그렇기에 우리는 이제 아주 좋은 것, 아주 새로운 것을 기대합니다. 하나님이 우리의 비전을 새롭게 세우시고, 하나님이 우리의 역량에 화룡점정을 찍어주시며, 하나님이 우리의 열정을 순결하고 거룩하게 타오르게 하시며, 하나님이 우리의 고생을 헌신으로 바꾸시고, 하나님이 우리의 회개를 온전한 회개로 바꾸실 것을 기대합니다. 그리고 이미 그렇게 바꾸신 것을 믿습니다.

요한 웨슬리가 미국에서 선교활동을 하다 크게 실패하고 낙담이 되어서 대서양을 건너 영국으로 돌아갈 때였습니다. 그는 대서양을 건너는 배 안에서 한 무리의 사람들이 너무나도 하나님의 사랑과 구원의 확신에 차서 찬송하고 기도하는 것을 보고 감탄을 금할 수 없었습니다. 그래서 물어봤지요. '당신들은 어떻게 이런 확신을 가질 수 있습니까? 내가 어떻게 하면 당신들과 같은 확신을 가질 수 있을까요?' 그때 그들 중 한 사람이 이렇게 대답합니다. '간단합니다. 당신은 이미 당신이 그런 확신을 가진 것처럼 믿고 행동하십시오.' 이제 깨어진 야곱, 이스라엘이 되기를 소원하시는 여러분! 이제 자신이 깨어진 야곱인 것처럼 믿고 행동하십시오. 하나님의 장자로서 모든 사람들의 복의 통로가 된 것처럼 믿고 행동하십시오. 여러분의 모든 것들이 이미 하나님 안에서 새롭게 된 것처럼 믿고 행동하십시오. 하나님이 주신 말씀입니다. 아멘!

∞나현수

숭실대 건축과 졸

장로회 신학대학교 신학대학원(M. Div) 졸업
동대학원 신약학과 졸업(Th. m)
조이선교회 캠퍼스사역간사(숭실대, 서울대)역임
부산 애광교회, 서울시흥교회 교육목사/청년부 담당 목회자 역임
현재 군포 큰교회 담임목사로 사역중

[저서]

지극히 인간적인 하나님의 은혜(삼하 강해집)
노예가 보낸 기쁨의 편지(빌립보서 강해집)
그리움의 끝에 열매 하나 맺혔습니다(시집)

야 곱 평 전

- 초판 인쇄   2007년 5월 15일
- 초판 발행   2007년 5월 15일

- 지 은 이   나현수
- 펴 낸 이   채종준
- 펴 낸 곳   한국학술정보㈜
  경기도 파주시 교하읍 문발리 526-2
  파주출판문화정보산업단지
  전화   031) 908-3181(대표) · 팩스   031) 908-3189
  홈페이지   http://www.kstudy.com
  e-mail(출판사업팀사업부)   publish@kstudy.com
- 등   록   제일산-115호(2000. 6. 19)
- 가   격   12,000원

ISBN   978-89-534-6755-2 93230 (Paper Book)
        978-89-534-6756-9 98230 (e-Book)

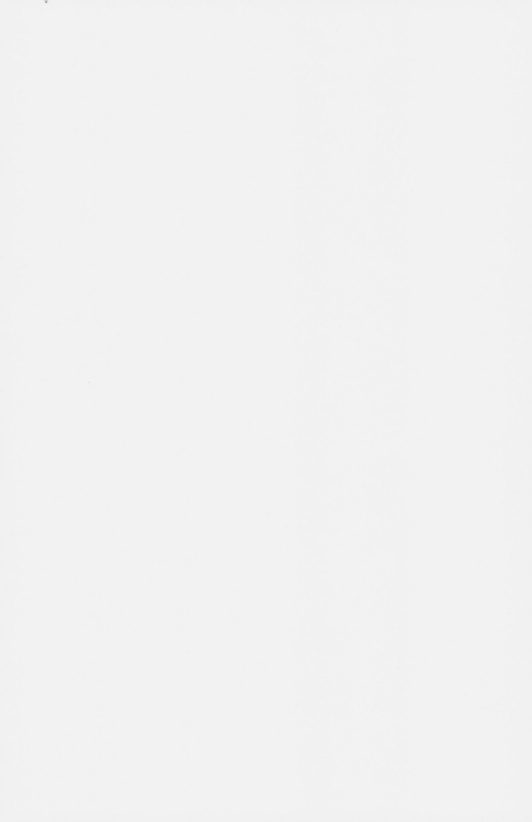